大手牵小手
全家玩遍亚洲旅游景点

夏梅瑛·著

中国纺织出版社

图书在版编目（CIP）数据

大手牵小手全家玩遍亚洲热门景点/夏梅瑛著.—北京：中国纺织出版社，2018.9

ISBN 978-7-5180-4938-7

Ⅰ.①大… Ⅱ.①夏… Ⅲ.①旅游指南—亚洲 Ⅳ.①K930.9

中国版本图书馆CIP数据核字（2018）第078391号

原文书名：大手牽小手，全家玩遍亞洲5大國
原作者名：Winnie
© 2017 HAN SHIAN CULTURE PUBLISHING Co.,Ltd
中文简体版：©2018 中国纺织出版社
本书中文简体版经汉湘文化事业股份有限公司授权，由中国纺织出版社独家出版发行。本书内容未经出版者书面许可，不得以任何方式或任何手段复制、转载或刊登。
著作权合同登记号：图字：01-2017-7699

责任编辑：汤 浩　　　　　　　责任印制：储志伟

中国纺织出版社出版发行
地　　址：北京市朝阳区百子湾东里A407号楼　邮政编码：100124
销售电话：010—67004422　传真：010—87155801
http://www.c-textilep.com
E-mail：faxing@c-textilep.com
中国纺织出版社天猫旗舰店
官方微博 http://weibo.com/2119887771
北京通天印刷有限责任公司印刷　各地新华书店经销
2018年9月第1版第1次印刷
开　本：710×1000　1/16　印张：16
字　数：200千字　定价：58.00元

凡购本书，如有缺页、倒页、脱页，由本社图书营销中心调换

推荐序1

魔鬼甄与天使嘉

说起和 Winnie 的缘分，应该是从生了小孩之后开始的，因为自己爱玩，假日自然不会关在家里，而会选择带着孩子出门到各地游玩，甚至时不时飞出国当个亲子背包客。出游前搜索国内外热门亲子景点，总是会出现 Winnie 图文并茂的游记，可以说都还没出门就已经先跟着 Winnie 和小贵人神游了一趟！

后来几次媒体采访碰到 Winnie，俩人同样热爱分享美食、喜好亲子旅行、还都有个疯狂热爱摄影的老公，由于兴趣相投，很快就成为无话不谈的好友，开始结伴出游并互相分享亲子旅游的注意事项和酸甜苦辣。

现在我的亲子战友 Winnie，把多年来牵着小手出游的行前准备、旅游推荐的亲子景点仔细记录，集结成此书。想让孩子在旅行玩乐时看世界，成为背包客小玩家，实际体验书上或网络上看到的异国美丽风景，创造全家人出游的美好回忆，行前功课靠这本书就轻松一半啦！

魔鬼甄 JENNY

Ben&Jean 的享乐生活

　　认识本书作者 Winnie 之前,是先从 Winnie 的先生口中认识她的,那时还没见过她本人,却从她整理的一张旅游行程表中发觉她是个条理清晰、做事细心、能力一流的人。后来有机会正式认识 Winnie 才发觉她是个亲切、和善,有点傻大姐的好妈妈,但从平常的相处中还是隐约感觉到她精明干练的一面!

　　现在从这本书就可以清楚地感受到她的精明干练,此书除了以过来人的角度告诉读者该怎么成功地踏上亲子旅程的第一步,还提供了很多实用的建议及心得感想!这些都是一步一个脚印带着全家大小走出来的经验之谈。

　　这本书的出行前准备篇非常精彩,有很多实用的亲子旅游须知,根本就是亲子旅游的宝典!一定要认真看。此外在行程篇中,看着他们带着小贵人一起玩遍了亚洲热门好玩的亲子景点,有吃、有玩,令人羡慕。照着这本书出门旅游,一定可以逛得高兴、吃得开心、买得痛快。想要亲子旅游的朋友,真的可以深入阅读一下,绝对让您收获满满。

BEN

飞天璇的口袋

记得在我还没写博客之前就知道"Winnie 的秘密花园",没想到在事隔多年之后,我可以见到她本人,而且还成为了朋友。与 Winnie 第一次见面是在参加某亲子饭店的活动,Winnie 夫妻俩带着他们家的小贵人,我们则带着我们家的小樱桃一同参加活动,经过相处下来发现和 Winnie 最大共通点居然是两个人都是鱼脑袋一枚(所谓的"鱼脑袋"指的就是跟鱼一样仅有 7 秒钟记忆)。同样身为妈妈的我们又一直有同样的理念:要带小孩子多出去走走看看这世界,开阔眼界比起只会窝在学校读书要实用多了。

Winnie 的这本旅游亲子书,分享了许多带小孩子一起旅游的细节和注意事项,对于有着相同角色"妈妈"的我来说,非常实用。如果你也是一个喜欢带着小孩一起去旅游的人,那么你一定要拥有这本书,本书除了介绍很多适合亲子旅游的景点之外,还分享了很多美丽的照片,光是拿着书在手上读,就感觉心飞出去了。小孩子的成长只有一次,千万不要错过宝贝人生中与爸妈最亲密的黄金时期呀!

飞天璇

作者序

在没有网络的年代，出去旅游这档事，除了通过相关的旅游书籍及杂志文章参考之外，就只能靠自己亲自探访一回，才能对旅行的目的地有进一步的了解。还记得我的旅游初体验，当时的我还未满 20 岁，也不知道哪来的勇气，买了一本旅游书，就这样与好友前往香港自由行。那时背包客风气还没像现在盛行，也没有网络美食、景点可以搜寻，只能发挥着"路在嘴上"的游客冒险精神，解决旅程中所经历的大小事。过程中的开心与难忘，也都变成了人生回忆录中的精彩篇章之一。现在，回想起来，原来热爱旅行的那颗心，就是在这趟旅行后开始炽热起来，环游世界的梦想在跨出了第一步后也不远了。

原本以为结婚、生小孩之后，旅游的梦想可能会随着生活中各种柴米油盐的现实状况被磨灭掉，谢谢执手与我同行的另一半肯陪着我继续"浪迹天涯"，更感谢老天爷送了我一个配合度极高的旅游小玩家（小贵人），从还在我的肚子里时，就跟着上山下海四处游玩，从来没有给我制造过任何的困扰，当下心中就许愿："对这个来报恩的天使，一定要好好爱他一辈子。"跟他手牵手，在世界各地留下我们的足迹及回忆，让原本的风景，因为有他而变得更美、更不一样。

　　由于时代变迁，现代培养孩子的方式也有所改变，越来越多新手爸妈也开始勇于尝试，带着小宝贝去各地旅行。我也没有想过自己可以带着孩子，慢慢实现环游世界的梦想。回想当初的我，如果没有勇敢踏出第一步，让梦想错过了时机，等小孩长大后，那段最亲密的亲子回忆不就会留下空白和遗憾了吗？就是因为这样的念头鼓舞了我，想要与我的宝贝一同创造专属我们的亲子旅行记忆，也能为他建立快乐及无价的儿时回忆。

　　本书的每段旅程，除了是我们一家人的珍贵回忆之外，希望能鼓励想与孩子一同出游的父母。旅程中的各种酸甜苦辣，都将会变成一家人密不可分的情感联结养分，孩子也会通过这些过程，与父母更加亲密，同时也会发现孩子在旅程中获得的学习与成长，绝对远超我们的想象。亲爱的爸爸妈妈们，你们也心动了吗？就让我们一起带着孩子，开始当个背包客小玩家吧！

Winnie

目录

Chapter 1 出行前准备

牵小手出游前
- 旅游地点怎么选 … 2
- 宝贝出游的适合年龄 … 3

食~不同时期的饮食重点须知
- 吃母乳的孩子 … 4
- 用奶瓶喂养（母乳或配方奶）的孩子 … 5

衣~按照不同的季节与年龄层
- 春、秋季及温带地区 … 7
- 夏季及热带地区 … 8
- 冬季及寒带地区 … 9

住~交通便利是首要选择 … 10

行~启程前最重要的准备
- 孩子机票的费用 … 12
- 婴儿推车的需求及托运方式 … 14

给爸爸妈妈的贴心提醒
- 旅游平安险 … 16
- 备用药品 … 17
- 搭乘飞机 … 17
- Wi-Fi 分享器或 SIM 卡 … 17
- 行李的打包技巧 … 17

Chapter 2 香港轻松欢乐行

行程推荐	四天三夜	24
	三天两夜	25
交通票券购票篇	地铁卡（八达通卡）及全日通旅游票	26
	机场快线旅游票	27
旅游票券购票篇	迪士尼票券及餐券	28
	其他旅游票券	29
景点介绍	香港迪士尼乐园	30
	昂坪缆车	32
	太平山山顶缆车	34
	香港海洋公园	36
美食分享	Moomin Cafe 噜噜米咖啡馆	38
	Hello Kitty 中菜轩	39
亲子血拼胜地	东荟城名店仓	40
	海港城	41
Winnie的私房景点	老夫子餐馆	42
亲子记忆保鲜盒	迪士尼专属纪念帽	43

Chapter 3 澳门珠海双城游

行程推荐	四天三夜	46
	三天两夜	47
交通票券购票篇		48
旅游票券购票篇		49

景点介绍	新濠影汇 8 字形摩天轮	50
	新濠天地水舞间	52
	长隆海洋王国乐园	54
	大三巴牌坊	56
美食分享	安德鲁饼店	58
	Cozinha Pinocchio 木偶葡国餐厅	59
亲子血拼胜地	威尼斯人购物中心	60
	官也街	62
Winnie的私房景点	珠海横琴湾酒店与海豚畅游	64
亲子记忆保鲜盒	与梦工场巨星共享早餐	65

Chapter 4 首尔乐园亲子行

行程推荐	五天四夜	68
	四天三夜	69
交通票券购票篇		70
旅游票券购票篇	韩巢旅游网	71
	韩国观光公社	71
	乐园的官网专属优惠	71
景点介绍	乐天世界	72
	爱宝乐园	74
	N 首尔塔	76
	东大门设计广场（DDP）	78
美食分享	Thanks Nature Café 羊咩咩咖啡馆	80
	陈玉华一只鸡	81
亲子血拼胜地	南大门童装批发市场	82
	金浦 Lotte Mall 乐天商城	83
Winnie的私房景点	Dalki 草莓妹主题乐园	84
亲子记忆保鲜盒	当红的卡通明星商品	85

Chapter 5 东京迪士尼双乐园

行程推荐	五天四夜	88
	四天三夜	89
交通票券购票篇		90
旅游票券购票篇	专售旅游票券的大黑屋	91
	随时可购票的全家便利商店	91
景点介绍	东京迪士尼乐园	92
	东京迪士尼海洋乐园	94
	晴空塔	96
	东京铁塔	98
美食分享	天空 LOUNGE TOP of TREE	100
	ポムの树（苹果树蛋包饭）	101
亲子血拼胜地	Tokyo Solamachi 商场	102
	Akachan 阿卡将本铺	104
Winnie的私房景点	东京车站 & KITTE 商场	106
亲子记忆保鲜盒	迪士尼纪念币收藏	107

Chapter 6 大阪魅力新体验

行程推荐	五天四夜	110
	四天三夜	111
交通票券购票篇	大阪周游券一日或两日券	113
	KTP 关西周游券两日或三日券	114
	ICOCA & HARUKA 套票	114
旅游票券购票篇	大阪环球影城门票及快速通关券	115
景点介绍	环球影城哈利波特乐园	116
	海游馆	118
	圣母玛丽亚号 & 天保山大摩天轮	120

	阿倍野展望台 HARUKAS 300	122
美食分享	Gudetama café 蛋黄哥咖啡厅	124
	北极星蛋包饭（心斋桥本店）	125
亲子血拼胜地	EXPOCITY	126
	临空城 Outlet	128
Winnie的私房景点	钓船茶屋（难波本店）	130
亲子记忆保鲜盒	魔法世界的巫师装扮	131

Chapter 7 京都奈良神户开心游

行程推荐	五天四夜	134
	四天三夜	135
交通票券购票篇	京都交通票券	137
	奈良交通票券	137
	神户交通票券	137
景点介绍	伏见稻荷大社	138
	清水寺	140
	东大寺&奈良公园	142
	神户港&神户塔	143
美食分享	总本家平宗柿叶寿司（奈良店）	144
	粟田山庄京料理	145
亲子血拼胜地	MOSAIC 购物商场	146
	清水坂、二年坂、三年坂	148
Winnie的私房景点	星巴克六角堂概念店	150
亲子记忆保鲜盒	体验日本传统和服	151

Chapter 8 名古屋消暑趣

行程推荐	五天四夜	154
	四天三夜	155
交通票购票篇	地铁一日乘车券及周末环保券	156
	名古屋观光游览巴士	157
	KINTETSU RAIL PASS Plus 近铁五日券 plus 版	157
景点介绍	名古屋港水族馆	158
	名古屋电视塔&宇宙船绿洲 21	160
	名古屋城	162
	则武森林	164
美食分享	世界的山将	166
	Komeda Coffee 咖啡店	167
亲子血拼胜地	大须商店街	168
	三井 Outlet Park 爵士之梦长岛	169
Winnie的私房景点	Sky Promenade	170
亲子记忆保鲜盒	收集限定的明信片	171

Chapter 9 东京乐游博物馆

行程推荐	五天四夜	174
	四天三夜	175
交通票购票篇	往返成田机场的 N'EX 机场快线	176
	往返羽田机场的 Monorail 单轨电车	176
旅游票购票篇	Lawson 便利商店及 Loppi 操作	177
景点介绍	面包超人博物馆	178
	三鹰之森吉卜力美术馆	180

	藤子.F.不二雄博物馆	182
	安藤百福发明纪念馆（日清泡面博物馆）	184
美食分享	新横滨拉面博物馆	186
	Uncle Jam's Bakery & Café	
	果酱叔叔的面包店	187
亲子血拼胜地	西松屋	188
	台场 DECKS Tokyo Beach	189
Winnie的私房景点	10 Mois-FICELLE-Hoppetta	190
亲子记忆保鲜盒	nanoblock 乐高积木收藏	191

Chapter 10 爱上冲绳自驾之旅

行程推荐	五天四夜	194
	四天三夜	195
自驾租车篇	网上预订步骤教学	196
旅游票购票篇	OTS 租车营业所购齐票券	198
	热门景点的优惠售价参考	199
景点介绍	美丽海水族馆	200
	琉球村	202
	古宇利海洋塔	204
	美国村	206
美食分享	冲绳岛料理花笠	208
	第一牧志公设市场	209
亲子血拼胜地	AEON MALL 永旺梦乐城冲绳来客梦	210
	国际通商店街	211
Winnie的私房景点	国际通屋台村	212
亲子记忆保鲜盒	制作专属软糖	213

Chapter 11 新加坡超值行

行程推荐	五天四夜	**216**
	四天三夜	**217**
交通票券购票篇	EZ-Link 易通卡	**218**
	The Singapore Tourist Pass 新加坡游客通行卡	**218**
旅游票券购票篇	Skyline Travel 天宇旅行社	**219**
	WTS Travel	**219**
景点介绍	新加坡环球影城	**220**
	马来西亚乐高乐园	**222**
	新加坡摩天观景轮	**224**
	圣淘沙名胜世界	**226**
美食分享	老巴刹美食广场	**228**
	无招牌海鲜	**229**
亲子血拼胜地	滨海湾金沙购物商城	**230**
	NTUC 平价合作社	**232**
Winnie的私房景点	金沙空中花园	**234**
亲子记忆保鲜盒	与鱼尾狮的邂逅合影	**235**

Chapter 1
出行前准备

牵小手出游前
PREFACE

不少人问过我,如果第一次带小朋友出去玩,推荐哪些地方或什么行程。就我而言,会考虑以下几个因素,第一个是小朋友的年纪,是在 1 岁以下或以上;第二个是小朋友的稳定度,是否常有外宿的经验?到了陌生的环境会不会无法入睡,甚至可能会吵着回家?第三个就是经济考虑及游玩的主题,想要旅游的地方是以大城市为主,还是以主题旅游的行程为主?这些全都要考虑到,然后再决定"旅游地点该怎么选"。

1 旅游地点怎么选

如果是初次带小朋友出国的话,我认为日本较为合适,考虑到日本的质朴文化以及对小孩的亲善程度较高,而且在日本旅行总是让人有一种放松自在的感觉;只要避免行程安排得过于紧凑,日本旅游通常都可以玩得尽兴又开心。

另外,旅行的天数也是需要考虑的重点,小朋友如果第一次坐飞机,不建议坐中、长途飞行,尤其是 1 岁以下的孩子稳定度还不够,所以初次旅行,可考虑短程飞行即可抵达的城市为旅行起始站,慢慢地,多几次的经验之后,就可以计划较多天数的旅程,或者是选择

▲ 旅行地点的选择

出国旅游,千万不要第一次就让自己跟孩子身心俱疲,免得下次想再鼓起勇气时,就已经错失了许多亲子旅游的机会了。

2 宝贝出游的适合年龄

究竟几岁的孩子适合带着一起出游呢？其实这个问题我也问过小儿科医生，以专业观点建议约1岁；这是考虑到孩子的身体健全发育状况抗体等种种因素，加上孩子1岁以前所需要接种的疫苗较多，也担心随之而来的副作用，因此尽可能避免在打疫苗后立即出游。

其实带着小宝贝出去的好处远比我们想象中的还要多，最常见的就是在机场可享有优先通关或是获得优先登机的福利，在餐厅可以获得服务员周到的服务等。而4~6岁的幼童绝对是爸妈旅行时的好帮手。

一路以来，我们带着小贵人，从他4个月开始旅行，到现在快6岁了，经历了不同时期，现在的他更像个小大人，不但不用我们为他操心及准备东西，有时他还会主动推行李、帮忙拿东西、看地图、帮我们拍合照，这样听起来是不是开始觉得亲子旅行是件很美好的事，而且还能记录一家人幸福共享的时光呢？

▲ 4个月的小贵人

▲ 1岁的小贵人

食
FOOD

不同时期的饮食重点须知：

在外出旅游时，最让人担心的就是宝贝喂奶的准备或是能吃什么的问题。对还未脱离哺乳期的孩子来说，喂母乳的妈妈及孩子的组合是最合适的，因为妈妈随时都可以给宝贝喂母乳，不用背着热水瓶、奶瓶、奶粉等用品。进入断乳期的孩子，则能跟着爸爸妈妈一起吃成人的食物，需要准备的东西就变少且轻便，以下会分成几个年龄层介绍准备的物品。

1 吃母乳的孩子

0-6月

部分妈妈愿意在6个月内给予孩子母乳营养供给，在这个时期，妈妈只需要找到适合哺乳的地方，就可以在宝贝肚子饿时提供需求。

所需准备的东西➔ 哺乳背巾、奶瓶（喝水用）、奶嘴、奶瓶清洁剂以及奶瓶刷。

6-12月

这个时期的孩子除了肚子饿，有时还有撒娇时所需的安抚奶，所以在出游时，建议准备一些可安抚孩子情绪的小零食或玩具，以减少随时随地都要寻找哺乳场所的麻烦。

这时期的孩子也开始接触副食，所以除了母乳之外，还要准备一些副食品调理包。出门在外较难帮孩子现煮副食品，建议选择加热即可食用的调理包会更方便喂食。

Winnie建议➔ 在出游前先买给孩子尝试，一方面是看接受度，另一方面是观察有没有什么肠胃不适的情况。

所需准备的东西➔ 哺乳背巾、奶瓶（喝水用）、奶嘴、热水瓶、保温罐、婴儿副食品调理包、磨牙饼干、食物剪、奶瓶清洁剂及奶瓶刷。

1岁以上

通常这时期的小朋友大部分已经断母乳了，不过也有还没办法完全断乳的儿童，但需哺乳的次数已经偏少，主食的部分也大都跟着父母吃，所以要准备的东西大概就是一些嘴馋时的小零食和自备的餐具就可以了。

所需准备的东西 ➔ 儿童餐具（杯／碗／汤匙／筷子）、零食及水壶。

1. 哺乳背巾
2. 婴儿罐头泥
3. 宝宝粥调理包

2 用奶瓶喂养（母乳或配方奶）的孩子

0-6月

像我本身就是个选择母乳瓶喂的妈妈，可以将奶先挤入瓶中再放进冰箱，孩子要喝的时候再加热回温即可。

出游时一样定时挤母乳，并带个小的随身冰袋保存，等到喂食时间再加热给孩子吃，这种做法仅保存下一餐的量较佳，避免保存太久而变质的情形。使用配方奶的情况也差不多，准备温热的水冲泡即可，只是母乳瓶喂的妈妈还要多一道程序，需要先挤母乳到瓶中。

▲ 瓶喂（一次性奶瓶）

如果孩子是吃配方奶，爸爸妈妈们觉得带多只奶瓶清洗太过麻烦，可以购入一次性的奶瓶（袋），并预先将配方奶粉分装到瓶（袋）中，之后直接冲泡给孩子饮用即可，也是非常方便的。

所需准备的东西➔ 吸乳器、热水瓶、一次性奶瓶（袋）、奶粉、奶嘴、保温瓶、冰袋、奶瓶清洁剂及奶瓶刷。

▲ 自备儿童餐具

6-12月

在小朋友还没完全断奶而刚接触副食品期出游的话，要准备的东西可能就多了，除了奶瓶、奶粉等瓶瓶罐罐，还得考虑到副食品的需求。

Winnie建议➔ 一切从简处理，如果能在旅行途中买到又能处理的，就不用加重行李重量。例如：饭店早餐有清粥时，可以装到保温瓶，喂孩子吃饭时再将罐装蔬菜泥分次拌匀，就可以替代一餐的副食品调理包，或者是直接使用罐装水果泥，让孩子当成点心吃，他们的接受度也挺高的。（有些航空公司在婴儿餐内会赠送罐装婴儿泥食品，记得在订位时备注婴儿餐点的需求。）

所需准备的东西➔ 吸乳器、热水瓶、一次性奶瓶（袋）、奶粉、奶嘴、保温瓶、冰袋、副食品调理包、罐装婴儿泥食品、孩子磨牙饼干、奶瓶清洁剂及奶瓶刷。

1岁以上

此时大部分的孩子已接着喝配方奶，这样可以省下妈妈辛苦哺乳的时间，大概就只剩早、午、晚的配方奶量，建议一样是采用一次性奶瓶（袋）分装配方奶粉，再直接冲泡饮用，其他时间跟着爸妈一起吃即可。

所需准备的东西➔ 热水瓶、一次性奶瓶（袋）、奶粉、奶嘴、儿童餐具（杯／碗／汤匙／筷子）、零食、水壶、奶瓶清洁剂及奶瓶刷。

▲ 乌龙面适合幼儿吃

衣

CLOTHES

按照不同的季节与年龄层：

新手爸妈带小朋友出游可能都会很紧张，生怕自己帮宝贝少带了衣服而受风寒，其实，父母在旅途中可以直接购买，真的不需要太过担心，尤其去到日本东京、大阪等城市旅游的话，也可以去逛婴幼儿专卖店，若缺少什么必需品，直接在当地买也很便利。就按照几个年龄层跟季节来教大家该怎么准备孩子的出游衣服吧！

1 春、秋季及温带地区

0-1岁

春、秋季是出门旅行的舒适时节，不用担心过热或过冷的问题，但这个年龄的孩子除了贴身的衣物之外，薄外套还是需要备着，以防早晚温差大。建议准备每日 2 套，避免孩子吐奶或尿布渗漏弄脏衣物，另外要随身携带一套替换的衣裤放在妈妈包里，以备紧急时刻更换。

准备衣物 ➜ 贴身衣物、衣裤每日 2 套、袜子每日 1 双、鞋子 2 双、薄外套 2 件、围兜、帽子、防踢被、纱布巾。

1岁以上

这个时期的孩子正处于好动阶段，喜欢自己四处奔跑，衣服和裤子也常弄脏，但还不至于必须马上更换，所以准备的衣物以每日 1 套为主，再多加上 2~3 套的应急衣裤即可。

准备衣物 ➜ 每日 1 套衣裤（再加上 2~3 套的应急衣裤）、袜子每日 1 双、鞋子 2 双、薄外套 2 件、帽子、防踢被。

▲ 冬天必备厚外套及帽子

▲ 自备泳圈

▲ 衣裤套数

2 夏季及热带地区

0-1岁

夏季是闷热的季节，除了防晒及补充水分之外，衣物尽量要以透气为主，虽然坐在婴儿车内不会流太多的汗，但幼儿的体温可是比大人还要高的，以透气感较佳的背心或一件式的洋装来作为穿搭主轴，进出冷气房时再搭上薄外套即可。准备的数量还是会以每日2套为基准。

准备衣物➡ 贴身透气的衣物（背心或洋装）及衣裤每日2套、袜子每日1双、鞋子2双（凉鞋及布鞋）、薄外套2件、围兜、帽子、防踢被、纱布巾、泳衣泳帽、游泳圈、太阳眼镜。

1岁以上

夏季也是玩水的季节，如果有玩水或游泳的行程，这时，泳衣的准备就不可或缺了。通常小男生的泳衣及泳裤选择上没那么多，妈妈以1套准备居多，小女生的花样及款式就比较多，建议妈妈可以准备2套替换及拍照。至于平常穿着以吸汗及透气的棉质衣物每日1套做准备，再加上2～3件的上衣，可临时更换。

准备衣物➡ 吸汗透气的棉质衣物每日2套、袜子每日1双、鞋子2双（凉鞋及布鞋）、薄外套2件、帽子、防踢被、泳衣泳帽、游泳圈、太阳眼镜。

3 冬季及寒带地区

0-1岁

冬季带孩子旅行至会下雪的地区，厚实的衣物跟毛毯一定要放进行李，还有一个非常有用的保暖道具，就是推车的雨罩，它可以兼顾防水、防雪，还有挡风的作用，所以，如果是带着推车旅行，不妨也把这个好用的小工具带上吧！至于孩子衣服方面，除了每日2套的更换衣物组合，再搭配上羽绒背心和保暖羽绒外套，以洋葱式穿法为主，进到室内时更方便穿脱。

准备衣物➜ 贴身衣物每日2套、袜子每日1双、鞋子2双（雪靴及布鞋）、棉质厚外套1件、羽绒外套1件、羽绒背心1件、围兜、毛帽、手套、口罩、围巾、小毯子、防踢被、纱布巾。

1岁以上

如果去下雪的地区或玩雪的场地，外套及裤子可以准备有防水效果的质料，因为雪融时还是会弄湿衣裤，再加上低温环境，一不小心就可能感冒。所以手脚和脖子的保暖很重要，除了围巾之外，帮孩子准备口罩，也可以抵挡一些冷风直吹或吸入太多的干燥空气，让鼻子不舒服。

准备衣物➜ 衣裤每日2套、袜子每日1双、鞋子2双（雪靴及布鞋）、棉质厚外套1件、羽绒外套1件、羽绒背心1件、毛帽、手套、口罩、围巾、小毯子、防踢被。

▲ 保暖又容易穿脱的背心

住
LIVE

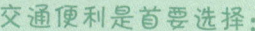

交通便利是首要选择：

不管是不是带小朋友，大多数自助行的游客还是会优先挑选交通便利的饭店。每日靠着双脚踏遍各个景点，脚都开始抗议了，然后把旅程中买的战利品扛回饭店的途中，又后悔为什么饭店离地铁或公交车站那么远。所以，如何挑选住宿饭店也是非常重要的。

交通便利

就目前热门的旅游城市而言，交通方面都有完善的公共运输系统，像是地铁或公交车路线等。对亲子旅游来说基本上挑选饭店的第一个条件，是以地铁周边的饭店为主（步行10分钟可到达），1岁以下的小朋友，如果全程都是坐在婴儿推车里倒不至于喊累，但1岁以上的孩子较不耐走，碰到孩子赖皮不肯走，却又没有推车的情况下，就必须抱着小孩，拎着一整日的战利品，徒步走回饭店，这时就会身心俱疲，后悔为何不选楼下就是地铁的饭店了。所以，婴儿推车很重要，饭店的交通便利也很重要，一定要慎选考虑。

床型的选择

大部分的饭店对于3岁以下的儿童都不收加床费用，有些饭店甚至开放条件到5~6岁以下，建议在订房时先确认清楚。选择日本饭店时，在床型方面须多加注意，标示Semi Double的床型与一般的（Double）大床双人房不同，Semi Double是指单人床双人房，实际上床的尺寸只有比Single单人床再大上一些，如果是一家三口或四口，建议选择Twin双床双人房，这样会比较舒适。而在其他国家，一大床双人房就有可能是King size或Queen size，就不用担心过挤的问题。

Winnie 提醒 → 除了房型的选择之外，最好还要连同床的尺寸及不加收床

1 Twin双床双人房型
2 Double一大床双人房型

费的孩子年龄等条件确认清楚，很多饭店还会确认小孩的护照，检查是否在年龄限制的范围内，若超出则会酌收加床费的。

预先请饭店准备澡盆及婴儿床

若是利用网络上的订房系统（如Agoda、Booking、trivago、Hotels等），订房时都可以在备注栏位填具相关注意事项，例如高楼层、禁烟房，或者是需要澡盆及婴儿床，而星级比较高的酒店或饭店，可能还会额外准备儿童用沐浴用品及备用品等，部分民宿（如Hostel、Guest house）、旅馆则没有提供婴儿床或澡盆等相关的服务。

行
Traffic

启程前最重要的准备：

前面提到了那么多的准备项目，最后也别忘了为行程预订来回机票啊。大家都知道现在廉价航空蓬勃发展，提供了游客在考虑经济成本概念下的旅游新选择。不过，大家知道该怎么帮婴儿或幼童订机票吗？婴儿推车是不是必带的旅行用品？还有，别忽略推车的选择及相关的托运方式。

1 孩子机票的费用

先来说说婴儿或儿童的机票费用吧！一般航空公司对2岁以下的孩子是出售"婴儿票"，而2~12岁则是出售"儿童票"，但每家航空公司的规定略有不同，大家在购票前需要再确认一下费用说明。

婴儿票（未满2岁）

一般航空公司 ➔ 小孩未满2周岁（以旅程回国的日期为准）在购买婴儿票的部分，是会随附在爸爸妈妈其中一位的名字下，且需要额外支付机票票面价格的 **10%** 费用加上燃油税、机建费以及保险。

整体来说婴儿票算便宜的，不过没

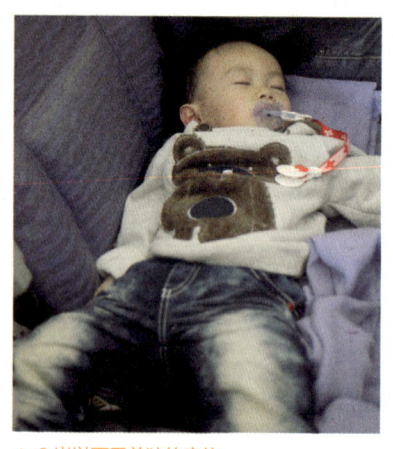
▲ 2岁以下无单独的座位

有提供座位，一般传统的航空公司，会在机舱座位第一排设有婴儿挂篮，可于订票时先行告知航空公司，优先预定第一排的座位，或者是在柜台划位时，请地勤人员安排婴儿挂篮的座位（不需额外付费），但孩子的体重必须在婴儿挂篮的限重内（10～12公斤以下）；而无法使用婴儿挂篮的大宝宝，仅能让爸妈抱着并扣上专用安全带。在餐点方面会提供婴儿餐，有些还会有尿布、湿纸巾等相关用品赠送。

廉价航空公司 ➜ 票价跟一般航空公司大不相同，他们是以固定价格出售婴儿票；在不同的廉价航空公司及航线的部分，婴儿票会在0～3000元不等。

以乐桃航空举例来说，婴儿票是免费的，但不提供任何随身行李及托运行李重量，也没有婴儿挂篮、餐点、用品，而一般航空公司会提供的毛毯及枕头也是不提供的。

Winnie 提醒 ➜ 部分廉价航空连热水也是需要额外付费的，建议于过海关后、上飞机前，在候机室的饮水机用自备的保温瓶带上飞机吧！

儿童票（2～12岁）

一般航空公司 ➜ 满2岁后至12岁（部分航空是限制到6岁）则是成人票价的75%费用，加上燃油税、保险等费用，相关的订、退票程序也跟成人相同，所以在购买机票时，以一般订票方式即可，也会有个人座位及餐点。

Winnie 提醒 ➜ 在订机票时，可以直接告知航空公司儿童餐的份数，大人也可以选择儿童餐，但千万别订成婴儿餐，那就只有果泥罐头可以吃了。

廉价航空公司 ➜ 廉价航空针对儿童票则是没有提供折扣，也就是票价收费方

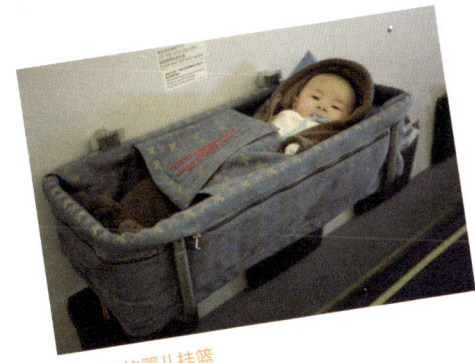
▲ 机上的婴儿挂篮

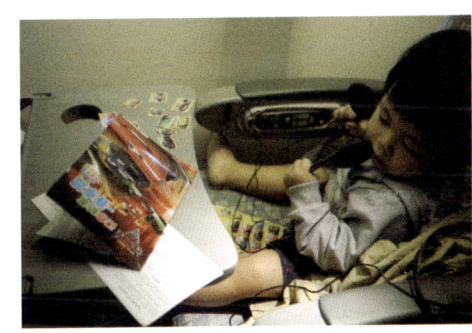
▲ 2岁以下为10%成人票价

式与成人相同，因为大多数廉价航空已降低营运成本、直接回馈给消费者便宜的机票费用，所以这部分比较没有弹性空间。

廉价航空在选择座位及餐点部分都需要额外付费，记得可事先预订餐点，以及在预选座位的费用上，宁可多花点钱先选位置（能确保与孩子坐在一起），免得造成分开坐或无座位的风险。

另外还需要特别留意，廉价航空的机票大都是不能退票或更改日期，若要更改航班则需支付手续费（不管是成人票还是儿童票）。额外的追加机票，也会有额外的费用产生。

Winnie 提醒 ➡ 廉价航空本来就有些风险，订票前先确保行程日期、个人基本资料的输入正确与否。

▲ 儿童餐

▲ 婴儿餐

▲ 吃得很开心的小贵人

2 婴儿推车的需求及托运方式

婴儿推车的需求及选择

除非确定孩子有铁人全能的特质且不睡觉、不喊累、不讨抱，否则婴儿推车绝对是必备用品之一。不但可以解决孩子中途休息、代步的问题，还能成为战利品的收纳车，一车多用，真的是非带不可啊！

在选择上，带平常使用的推车不见得好用，重量过重、难以收纳的就不适合。有些国家或地区的无障碍设施做得不是很好，例如：出入口无手扶梯、斜坡设计等，都必须自行抬动、扛起婴儿推车，经过多天的旅程之后，爸妈们一定受不了。

若是1岁以下的婴儿，可以向朋友或上网租借较轻巧且单手可收纳的婴儿推车；1岁以上的儿童，则是可以携带轻巧的伞车。两者重点都是要轻盈、容易收纳，再搭配上背巾使用，就足以应付孩子外出的需求了。

Winnie建议 → 推车是一定要带的，但背巾也不能少，有些景点不适合或不允许使用推车，这时背巾就很重要。至于背巾的选择，重点是支撑度佳，背久才不会腰酸背痛。

婴儿推车托运方式

儿童机票跟成人一样能享有自己的行李重量，而大部分的婴儿机票虽然依附在成人机票之下，但也有提供额外的行李公斤数及婴儿推车的托运服务（依各航空公司规定不同，应事先咨询）。

推车的托运方式分为两种，一种是可随着行李一同托运，但建议先收好且套上塑料袋绑紧（塑料袋可请地勤人员提供），届时抵达目的地之后，婴儿推车便会随着托运的行李，一同在行李转盘提领处出现；另一种是将推车推至登机门口托运，又称为机舱口托运。

在地勤 Check-in 时，他们会询问："要跟着托运行李托运还是要登机口托运？"只要不是太大的婴儿推车，都会允许登机口托运，此时就简单地跟地勤人员说："stroller gate check." 即可！之后地勤人员会把推车打包好，手提放入客舱行李放置区，下飞机时，只需在空桥（登机桥）的尽头处等候领取即可。

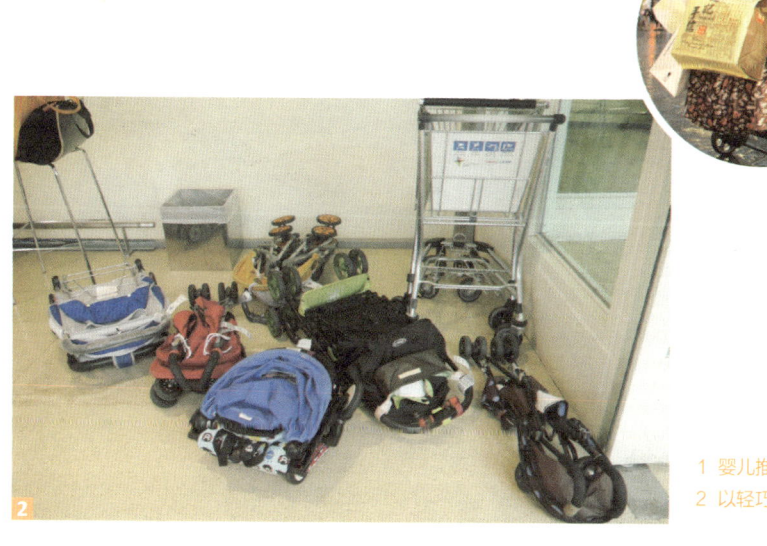

1 婴儿推车的需求
2 以轻巧好收纳为主

给爸爸妈妈的贴心提醒

1 旅游平安险

保险跟赌博一样，就算自己小心一点，也不能保证不会发生意外。信用卡公司所提供的附加旅游平安险、旅行不便险或旅游相关之保险服务，只要使用信用卡消费超过规定的团费下限，或是刷全额机票，即可获得投保资格（赔偿金额会依各家信用卡公司及卡别等级而有所不同）。

这种附加旅游平安险都只是最基本的保障，仅对于搭乘公共运输工具期间发生意外的受害者才能获得赔偿。

Winnie经验谈➔ 有次，我在日本旅行途中发生严重急性肠胃炎，才知道一般信用卡公司赠送的旅游平安险，并没有包含海外突发疾病医疗，经历过这次经验让我了解，原来海外就医的费用，足够我买一张飞往日本的机票了。学到教训后，只要有出国的行程，尤其是带着孩子出国旅游，除了一样会刷卡享有附赠的旅游平安险保障外，还会再加购全方位的旅游平安险（包含海外突发疾病住院、海外突发疾病医疗等）。至于要买哪一家保险公司的保险，建议大家上网多做比较，或者到机场保险服务柜台咨询相关的费用及保障。

▲ 常用备药，如退烧药、感冒药

2 备用药品

出门在外难免会有些小病痛，可以在行李箱放些药品以备不时之需，以退烧、肠胃不适或缓解感冒症状等药品为主。除了备用药品之外，耳温枪、婴儿护肤膏、棉花棒、指甲剪、退热贴也可以列入行李清单中。

3 搭乘飞机

爸妈们都会害怕孩子在飞机上哭闹而影响到其他乘客、造成困扰。但哭闹原因大多是因为耳鸣不适感，当年龄较小的孩子无法表达或排解时，只好以哭闹来宣泄不舒服的感觉。可以在起飞和降落时给孩子喝水、吸奶嘴或吃饼干来舒缓不舒服感。

4 Wi-Fi 分享器或 SIM 卡

Wi-Fi 分享器

Wi-Fi 已成为旅行必备工具之一，目前有多家业者提供 Wi-Fi 分享器租借，价格依机型和流量而有所不同，也可以让多台手机同时连线。在网上提前预约，或是在机场柜台直接取机都可以，回程在机场还机非常方便。

SIM 卡

抵达目的地时，前往机场或机场周边商家购买可在当地使用的 SIM 卡，这种 SIM 卡是可提供国外旅客短期使用的，同时具备上网及拨打电话（包含国际电话）的服务。

5 行李的打包技巧

在三天两夜旅程中，以我们一家三口为例，可以准备一件 29 寸行李箱，再加上手提行李及婴儿推车；五天四夜的行程，准备两件 29 寸行李箱，加上手提行李及婴儿推车即可。

冬季旅行时，行李会因为衣物而较占空间，选择好收纳及方便携带的轻羽

绒外套及发热衣最能节省空间，选质地轻薄且较保暖的衣物，可以让行李空间更大也较轻。

　　重量较重的物品可放置在行李箱最下层，可避免行李重心不稳造成不易拖拉。在摆放衣物方面，先将不怕有皱褶的衣物，卷成圆筒状排列摆放下方；容易产生皱褶衣物，可以折平放置上方；行李的四个角落或空隙处则可用软质的配件，如袜子、围巾、手套等填满，能帮助行李托运移动时，内部物品不会因为有空隙而滑动。

　　最后是帮行李系上行李束带，除了提领行李时，可方便识别之外，也能避免行李在托运过程中，因外力因素而爆开，造成物品的遗失或损伤。

亲子出游用品清单表

重要文件/证件

☐ 机票或机票订位证明	☐ 护照（有效期确认）	☐ 备用证件照（2 张）
☐ 签证	☐ 当地币值现金	☐ 信用卡
☐ 行程表	☐ 地图、旅游指南	☐ 国际驾照或证明
☐ 各项预约票或门票	☐ 海外旅行保险单	☐ 记事本及笔
☐ 身份证	☐ 采购清单（比价表）	

衣物、鞋子、配件

☐ 衣服 x_____ 套	☐ 裤子 x_____ 套	☐ 内衣裤 x_____ 套
☐ 袜子 x_____ 双	☐ 薄外套 1 件	☐ 厚外套 1 件
☐ 帽子	☐ 围巾	☐ 手套
☐ 睡衣	☐ 塑胶袋	☐ 购物袋
☐ 透明夹链袋	☐ 针线包	☐ 鞋子
☐ 雨伞或雨衣	☐ 口罩/耳罩	

盥洗用品、保养用品

☐ 牙膏/牙刷	☐ 洗发精/沐浴乳	☐ 生理用品
☐ 随身卫生纸（包）	☐ 湿纸巾	☐ 卸妆品/洗面乳
☐ 保养品及化妆品	☐ 乳液	☐ 棉花棒
☐ 发束/梳子	☐ 隐形眼镜及药水	☐ 眼镜/太阳眼镜
☐ 吹风机		

婴儿必备用品

☐ 吸乳器	☐ 奶瓶 x_____ 个	☐ 奶嘴 x_____ 个
☐ 奶粉 x_____ 袋	☐ 一次性奶瓶（袋）	☐ 保温瓶/热水瓶
☐ 冰袋	☐ 奶瓶清洁剂	☐ 奶瓶刷
☐ 儿童餐具（汤匙/碗）	☐ 水壶/水杯	☐ 副食品调理包
☐ 罐装婴儿泥食品	☐ 婴儿磨牙饼干	☐ 零食
☐ 尿布 x_____ 片	☐ 围兜 x_____ 个	☐ 纱布巾 x_____ 条
☐ 食物剪	☐ 防踢被	☐ 儿童用沐浴乳

Chapter 1 出行前准备 给爸爸妈妈的贴心提醒

☐ 儿童用乳液	☐ 小毯子 / 随身玩偶	☐ 玩具
☐ 婴儿推车	☐ 推车雨罩	☐ 耳温枪
☐ 背巾	☐ 暖宝宝	☐ 婴儿护肤膏
☐ 指甲刀	☐ 防晒霜	

相机笔电周边用品

☐ 手机	☐ 电脑 + 鼠标	☐ 相机 + 储存卡
☐ 万能插座	☐ 充电器	☐ 耳机
☐ Wi-Fi 租赁器	☐ 移动电源	☐ 随身硬碟
☐ 三脚架	☐ 自拍杆	

戏水装备

☐ 泳衣	☐ 泳裤	☐ 泳帽
☐ 泳镜	☐ 凉鞋 / 夹脚拖	☐ 游泳圈 / 手臂圈

备用药品

☐ 晕车药	☐ 肠胃药	☐ 止痛药
☐ 退烧药	☐ 防蚊药	☐ 综合感冒药
☐ 创可贴		

NOTE

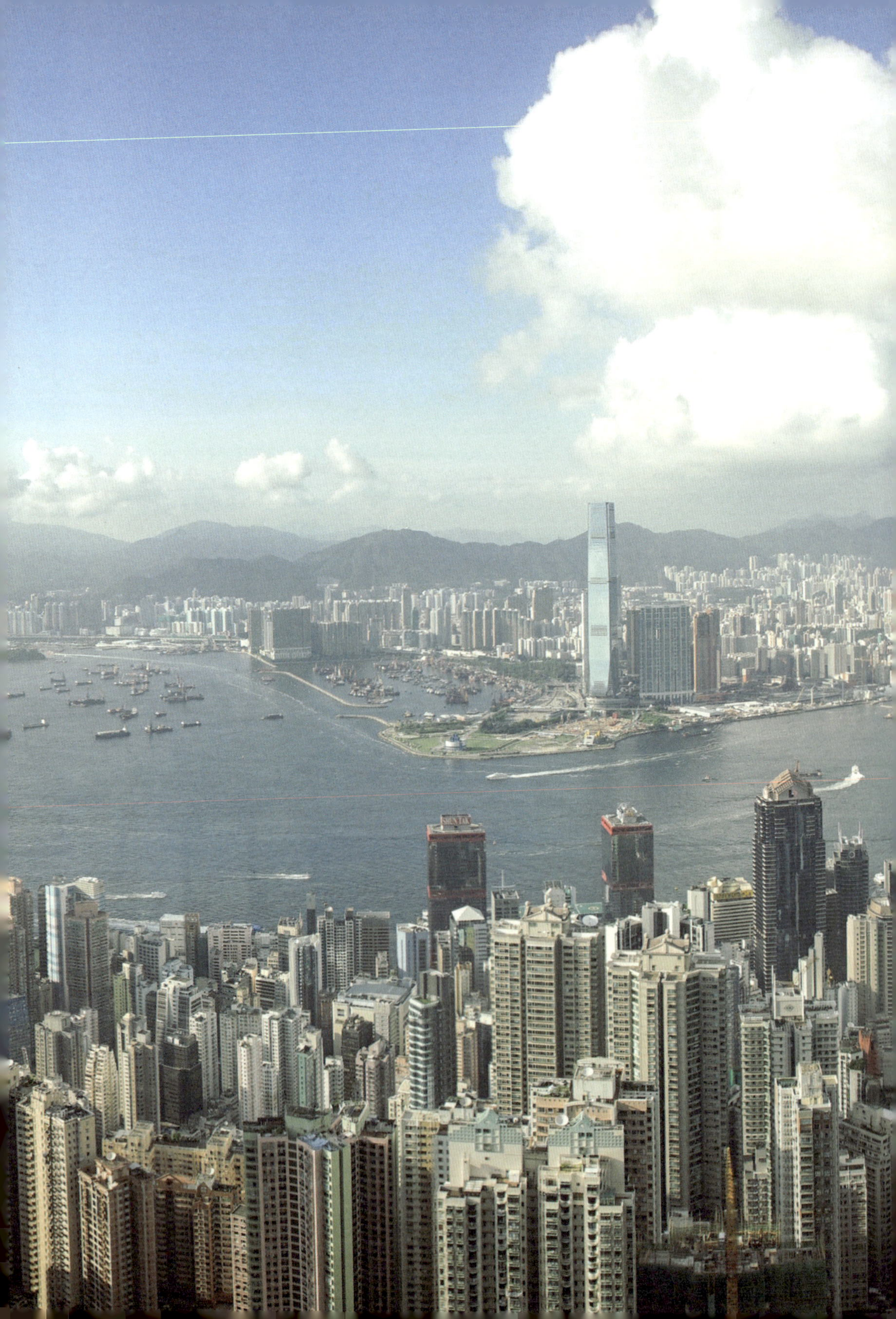

Chapter 2

香港轻松欢乐行

爸妈上手度 ♥♥♥♥♥
语言沟通度 ★★★★★
交通便利性 ♥♥♥♥♥

📍 行程推荐

四天三夜行程推荐

Day 1
香港机场 ➔ 迪士尼饭店
➔ 昂坪缆车
➔ 东荟城名店仓

Day 2 
香港迪士尼乐园 ➔ 飞天巡游
➔ 迪士尼"光影汇"夜间巡游
➔ 迪士尼烟火（星梦奇缘烟花）

Day 3 
香港海洋公园 ➔ 太平山山顶缆车
➔ 香港杜莎夫人蜡像馆
➔ 山顶凌霄阁

Day 4
天际100香港观景台 ➔ 海港城
➔ 老夫子餐馆 ➔ 机场快线回到机场

Winnie 的旅游攻略 ➔ 如果想要入住迪士尼饭店可以购买旅行社的团体自由行程，会比较便宜。

Tips
选择入住在迪士尼饭店，必须考虑到每日车程往返饭店及景点之间的时间安排。优点就是可以欣赏完迪士尼的烟火秀再返回饭店。

三天两夜行程推荐

Day 1

香港机场
- ➡ 尖沙咀海港城逛街 ➡ 星光大道
- ➡ 维多利亚港幻彩咏香江灯光秀
- ➡ 天星小轮 ➡ 中环摩天轮

Day 2

香港迪士尼乐园
- ➡ 飞天巡游
- ➡ 迪士尼"光影汇"夜间巡游
- ➡ 迪士尼烟火（星梦奇缘烟花）

Day 3

香港站机场快线挂行李
- ➡ 中环 IFC 逛街 ➡ 搭乘叮叮车
- ➡ 铜锣湾时代广场
- ➡ 机场快线回到机场

Chapter 2 香港轻松欢乐行 — 行程推荐

Winnie 的旅游攻略 ➡ 出游费用依航空公司及班次、住宿饭店等会有不同。

Tips
为了配合小朋友的作息时间，可以选择午去晚回的班机，好让小朋友在飞机上睡午觉，以减少耳朵不适和心里恐惧（机票费用也会比较便宜），或者可以购买旅行社自由行的团进团出优惠套餐（缺点是不能更改班机时间或退换票）。

25

🚌 交通票券购票篇

地铁卡（八达通卡）及全日通旅游票

地铁卡（八达通卡）是在香港自由行不可或缺的重要交通卡，一般可以分成两种：租用型（可退押金）及销售型（不设押金和储值额）。建议可以买租用型的，除非常常去香港或者想把卡片留下来当纪念。至于全日通旅游券，就像是一日游的概念，针对一日行程且超过多个点以上的游客，选择购买会比较划算些。

▲ 租用型八达通卡外形

❶租用型八达通卡（可退押金）

购买地点：香港机场快线柜台

成人卡：港币150元（押金港币50元，首次储值额港币100元）

儿童卡（3～11岁）及长者卡（65岁以上）：港币70元（押金港币50元，首次储值额港币20元）

❷销售型八达通卡（不设押金和储值额）

购买地点：中国旅行社（香港）或便利商店

销售型旅客八达通卡费用：港币39元（内无储值额，初次使用必须先充值）

＊请注意：销售型八达通卡并没有儿童型卡片。

❸全日通单日旅游票

购买地点：香港机场快线柜台

成人票券：港币65元

儿童（3～11岁）票券：港币30元

＊限单日开卡后的24小时内使用。

＊此旅游票券仅限非香港居民并在香港逗留少于14天的游客使用。

＊内含无限次乘搭港铁、轻铁及有限制的港铁公交路线使用。

> **Tips**
>
> 不管是租用型的八达通卡、销售型的旅客八达通卡或全日通旅游票券，建议先估算自己行程的总费用，再搭配行程的景点，选用对自己最合适的旅游套票为佳。

机场快线旅游票

香港机场位在新界西大屿山赤鱲角，从机场到市区需要一段车程时间，此时，使用往来机场的"机场快线列车"就成为了旅客节省车程时间的最佳首选。由于行程天数及需求不同，所以机场快线也针对旅客推出各种超值套票方案选择。

购买地点：香港机场快线柜台

❶ 机场快线旅游票费用

仅售成人票券：港币 250 元（一程）；港币 350 元（两程）

* 包含连续 3 天无限次搭乘港铁、轻铁及限定的港铁巴士

❷ 机场快线来回票费用

仅售成人票券：机场—香港站来回港币 180 元；机场—九龙站来回港币 160 元

* 包含 2 趟的机场快线车票

❸ 机场快线单程票费用

成人票券：机场—香港站单程港币 110 元；机场—九龙站单程港币 100 元

儿童（3～11 岁）票券：机场—香港站单程港币 55 元；机场—九龙站单程港币 50 元

❹ 机场快线团体套票（适合 2～4 人使用）：（港币计价）

	2人	3人	4人
香港站—机场站	170	230	280
九龙站—机场站	150	210	250
青衣站—机场站	100	140	170

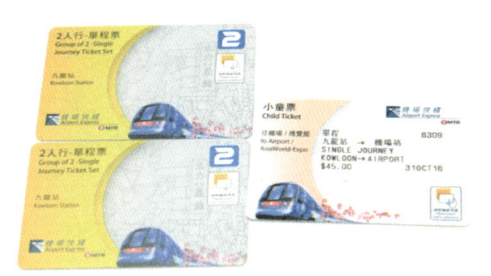

▲ 机场快线的多人旅游套票跟小童票的单程票券

Tips

那么多种的机场快线套票，该选哪一种才好呢？个人的经验是看饭店的位置及行程天数的安排。虽然机场快线从机场到香港市区仅需 24 分钟，但是到了市区地铁站，仍需换接驳巴士才能抵达饭店或饭店附近，带着婴儿推车及行李的亲子行父母，在搬运行李时会比较辛苦，建议改搭乘机场巴士直达饭店或饭店附近的方式为佳，回程即可选改搭机场快线，因为可办理"预办登机"，将行李在市区机场快线车站托运，省下最后一天拖着行李及婴儿推车逛街的不便。

旅游票券购票篇

迪士尼票券及餐券

可在香港机场的中国旅行社柜台购买香港迪士尼单日或双日景点票券，不过要留意机场中国旅行社营业时间为早上 7 点至晚上 10 点，若班机时间无法配合，也可在官网上刷卡预购票券，届时再到中国旅行社的分店取票即可（得先注册会员并且注意相关的取票手续问题）。

购买地点：香港国际机场中国旅行社柜台

成人迪士尼票券：港币 569 元（单日）；港币 719 元（双日）

儿童（3～11 岁）迪士尼票券：港币 399 元（单日）；港币 499 元（双日）

加购乐园三合一美食餐券：港币 235 元

＊不须换票可直接进入迪士尼，或者是可于当日购买于迪士尼乐园。

＊香港迪士尼的门票（购买时不需指定日期）

其他旅游票券

香港机场的中国旅行社皆出售知名景点旅游票券，建议游客可以在机场一次购足所有的票券，届时可以省下在各景点排队购票的时间。相关其他热门景点票券参考费用如下（此费用可能会依优惠方案不同而调整）：

❶ 昂坪缆车旅游票券

标准车厢

成人费用：（单程）港币 130 元；（往返）港币 185 元

儿童（3～11 岁）费用：（单程）港币 65 元；（往返）港币 95 元

水晶车厢

成人费用：（单程）港币 180 元；（往返）港币 255 元

儿童（3～11 岁）费用：（单程）港币 125 元；（往返）港币 175 元

❷ 山顶缆车+摩天台套票

成人费用：（单程）港币 70 元；（往返）港币 83 元

儿童（3～11 岁）费用：（单程）港币 35 元；（往返）港币 43 元

❸ 海洋公园门票

成人票：港币 393 元

儿童（3～11 岁）票：港币 197 元

另可加购餐厅套票：港币 105

> **Tips**
> 太平山顶缆车不建议事先购买，由于气候可能会影响到观赏的品质，可视当天状况，再至缆车站用八达通卡直接刷卡搭缆车上山及使用八达通卡直接刷卡进到摩天台（凌霄阁观景台）即可。

景点介绍

香港迪士尼乐园

▲ 香港迪士尼烟火（星梦奇缘烟花）

- **地址** 香港新界荃湾区大屿山竹篙湾
- **电话** +852-3350-3388
- **网址** www.hongkongdisneyland.com
- **时间** 以官网每日公告时间为准
- **交通** 由尖沙咀站出发，从荃湾线至荔景站换东涌线，再至欣澳站换迪士尼线；由中环（香港站）出发，搭乘东涌线至欣澳站换迪士尼线
- **价格** 成人迪士尼票券：港币 589 元
儿童（3~11岁）迪士尼票：港币 419 元
- **育婴室** 设有婴儿护理室，提供尿布台及哺乳室，还有高脚餐椅的喂食区，亦有提供微波炉及热开水等需求。

每个人总有童心未泯的心性，从小我就幻想着能够玩遍全世界的迪士尼乐园，现在我也带着小贵人一起完成这个梦想。当小贵人四个月的时候，我们带他去的第一个迪士尼乐园，就是香港迪士尼乐园。

这座位于香港新界大屿山的香港迪士尼乐园度假区，是亚洲第二座迪士尼乐园，整个园区里共有七大主题园区。近几年园区也陆续地更新园区设施与活动，如灰熊山谷及迷离庄园；2014年也将大型夜间巡游迪士尼光影汇列为常态的娱乐表演之一；在2017年，香港迪士尼继"钢铁人"（香港译名：铁甲奇侠）主题活动后，在2017年6月14日至9月3日，全新推出"Marvel超级英雄"主题活动。

建议游玩时间： 1 天。

必游原因

迪士尼梦幻世界，是适合带小朋友同游并拍摄许多可爱照片的主题乐园，尤其是可以带小朋友亲眼看见自己电视上的偶像明星，还能感受游行的氛围，包括下午的迪士尼飞天巡游、晚上的迪士尼光影汇夜间巡游及伴随着迪士尼歌曲及城堡上的星梦奇缘烟花表演，都很值得欣赏。年龄比较小的孩子（1 岁以下），能玩的游乐设施可能比较有限，建议可以安排观看一些静态的表演节目，如狮子王庆典。至于 1 岁以上的孩子，可以挑选"幻想世界"中的儿童游乐设施的项目玩耍。

Chapter 2 香港轻松欢乐行

景点介绍

昂坪缆车

- **地址** 香港大屿山东涌达涌路 11 号
- **电话** +852-3666-0606
- **网址** www.np360.com.hk/tc
- **时间** 平日 10:00～18:00；假日 9:00～18:00
  （请注意网上公告出示缆车的年度保养及维修日期）
- **交通** 由东涌港铁站 B 出口步行 2 分钟便到达东涌缆车站
- **价格** 成人往返票价：（标准车厢）港币 185 元；（水晶车厢）港币 255 元
  儿童（3～11 岁）往返票价：（标准车厢）港币 95 元；（水晶车厢）港币 175 元
- **育婴室** 在昂坪市集需与站务人员登记使用，有换尿布平台、温奶器但不提供热水。

缆车对小朋友来说有种莫名的吸引力，可能是因为可以在高处看下面的风景，所以每个小孩对坐缆车这件事都很喜欢，偏偏我们家的爸爸有恐高症，但为了小贵人，只好每次舍命陪公子硬着头皮上了。

昂坪缆车是目前世界上营运距离最长的缆车系统，全长 5.7 公里，整个缆车系统分成三段，途中需经过三个转向站，整个运程约 25 分钟。从东涌站出发后，会先跨过海湾到机场岛转向，接着再 60 度大转弯往北大屿郊野公园的弥勒山山坡攀升，延途可饱览整个大屿山的明媚风光，还能眺望香港机场，看着飞机起飞及降落。

缆车车厢使用钻石型的设计，最多可以容纳 17 个人，除了标准车厢还有水晶车厢（即脚下为透明玻璃观景窗）；水晶车厢仅能容纳 10 人，另设有 360 空中贵宾厢仅提供预约包厢的服务，最多仅接待 6 人。

建议游玩时间： 3～4 小时

🚩 心游原因

昂坪缆车的终点站即为昂坪市集及香港旅游热门景点宝莲禅寺，以往可能需要舟车劳顿才能欣赏到天坛大佛的壮丽，现在因为昂坪缆车，可让更多游客探访佛教宝地。另外，也很适合亲子行程，让小朋友以不同的视角去欣赏香港美景。在搭乘的途中还能看到机场的飞机起降，每个小朋友看到飞机，都欢呼雀跃。

Tips

若要参拜全球最大的青铜坐佛（天坛大佛），必须要爬上 268 阶的楼梯，才能近距离目睹佛祖面容。不过，268 阶的楼梯可能不适合爸妈带孩子轻易抵达，建议诚心远眺即可，还是把体力留着山下的东荟城名店仓血拼比较实在！

Chapter 2 香港轻松欢乐行 — 景点介绍

◀ 天坛大佛

太平山山顶缆车

Tips

假日前往太平山顶的游客很多，尽量避开这段时间较好，若带小朋友同行，最好中午提早上山，避开黄昏时段的游客，以免排队排到腿软，也让兴致折半。

▲ 亚洲第一条缆索铁路即为太平山顶缆车

- **地址** 香港中环花园道 33 号
- **电话** +852-2522-0922
- **网址** www.thepeak.com.hk/tc/home.asp
- **时间** 07:00～00:00
  班次：大约每 10～15 分钟
- **交通** 可于中环天星码头外巴士站，搭乘 15C 号巴士抵达花园道山顶缆车站，再搭乘山顶缆车登山
- **价格** 山顶缆车车票费用：
  成人往返票价港币 45 元；儿童（3～11 岁）往返票价港币 20 元
  山顶缆车摩天套票（山顶缆车+凌霄阁摩天台）：
  成人往返票价港币 90 元；儿童（3～11 岁）往返票价港币 43 元
- **育婴室** 山顶广场购物中心有提供哺乳育婴室，使用前需到商场的客务柜台做登记，提供换尿布的平台，凌霄阁则是在残障厕所设有换尿布平台。

有很多部浪漫的电影都在太平山山顶上面取景，身边还有朋友是在这求婚的，光是这浪漫的氛围，就足以让人心生向往了。虽然带着小孩登上浪漫的恋人胜地是有一点煞风景，不过与孩子合影的全家福照，也是很难能可贵的回忆啊！

太平山山顶是香港的最高点（海拔554 米），一直是香港热门的游览胜地之一，而太平山山顶缆车自 1888 年就开始营运，至今已超过百年历史，从山下到山上的缆车站全长为 1.4 公里，大约 10 分钟就可以抵达山顶，坡度为 4～27 度，海拔为 28 米至 396 米。山顶缆车是香港最早运作的机动公共运输工具，也是亚洲第一条缆索铁路，游客可以搭乘此缆车穿过半山的住宅区来到山顶，从山顶俯瞰维多利亚港及九龙半岛。

建议游玩时间： 3 小时

必游原因

香港是唯一两次获选为世界三大夜景称号的城市。站在太平山顶，能从香港的最高点欣赏有东方之珠美誉的夜景，感受那夜幕降临之际，繁华灯火映照在水面上的倒影，光是这个理由，就足以引人登顶，亲眼见证这闪耀百万夜景的景致了。

▼ 被评为是世界三大夜景之一的香港太平山夜景

▲ 香港海洋公园入口

香港海洋公园

- 地址　香港南区南朗山黄竹坑道 180 号
- 电话　+852-3923-2323
- 网址　www.oceanpark.com.hk/tc
- 时间　10:00～18:00（会因假日与淡旺季变动，可先上官网查询）
- 交通　南港岛线至海洋公园站即可直达正门入口
- 费用　成人港币 438 元；儿童（3～11 岁）港币 219 元

▼ 园区缆车可欣赏深水湾与南朗山的美景

必游原因

想要一次满足搭乘缆车及近距离接触海洋生物的乐趣，这里绝对是亲子旅游的最佳景点。园区内除了有 80 多个游乐设施，还有许多剧场表演及动物喂食秀。最棒的是有机会在冰极餐厅里和企鹅一起吃大餐，看着一整群企鹅嬉戏的可爱场面会很治愈。

香港海洋公园已经有四十年的历史，还能屹立不倒名列于香港旅游景点前几名，就可以知道它绝对是有过人之处。近几年在游乐设施和推销活动方面，都不断推陈出新，每年玩也玩不腻。

园区里有八个主题区域，大家可以享受到各式各样的娱乐游玩体验。而最吸引小朋友的莫过于新奇有趣的海洋动物表演，或是去观看呆萌可爱的大熊猫宝贝；有时园区还会结合节庆，推出一系列的特别活动，会有节庆限定游乐设施或表演，大家不妨选择特殊节日来此游玩，感受不同风情的海洋公园。每年的万圣节全日祭招魂大典也是一大特色，总是吸引到不少游客去体验呢！

Chapter 2 香港轻松欢乐行 景点介绍

Tips

海洋公园企鹅区"冰极天地"长年保持低温，若带小朋友前往记得一定要准备外套防寒。

▼ 冰极天地，里面可以看到企鹅

▼ 万圣节主题活动的限量贩品

美食分享

Moomin Cafe 噜噜米咖啡馆

在香港较少有专门为儿童量身打造的亲子餐厅，如果讲求比较舒适的用餐环境，并且可以放手推车，建议在百货公司里找餐厅比较好，还可就近使用育婴室设施。

- **地址** 尖沙咀广东道 17 号海港城海运大厦 LCX 3 楼 32 号铺
- **电话** +852-2730-0963
- **时间** 11:00~23:30

▲ 噜噜米咖啡馆也是间景观咖啡馆

这间噜噜米咖啡馆虽然称不上是亲子餐厅，却有可爱讨喜的噜噜咪陪伴小朋友用餐，就连儿童餐的意大利面都是 Moomin 家族的图案，餐点有菜、有肉也有水果，另附有一杯新鲜的果汁，算是营养满分的儿童餐了。重点是性价比很高，套餐才 70 元港币，面海的观景位子还能欣赏美丽的港湾夜景，难怪常常一位难求了。

除此之外，在用餐的过程中，也有噜噜咪的特别演出，超大型的人偶噜噜咪会现身与现场小孩互动，而每个小孩可以与它拍照留念，是很适合亲子用餐的餐厅。

Hello Kitty 中菜轩

- 地址　佐敦广东道 332—338 号利来洋楼 A 至 C 地铺
- 电话　+852-8202-8203
- 营业时间　11:00～23:00

全球首间的 Hello Kitty 港式主题餐厅，在香港九龙的佐敦站附近，不管是对小女生还是妈妈来说，可能都是一间极具有吸引力的餐厅。看到著名的港式茶点变身成为 Hello Kitty 头像或蝴蝶结，能够一次享受浓浓的港式饮茶又能跟可爱的 Hello Kitty 拍照留念，实在是很有纪念价值的一餐！

不过要留意的是，由于这些可爱的限定港点都是每日限量制作，建议大家一定要尽早在第一轮用餐时间入座并点餐，免得售完就只有"遗憾"两个字，欲哭而无泪了。

Chapter 2　香港轻松欢乐行　美食分享

▲ 用 Hello Kitty 来入菜

亲子血拼胜地

来到香港的著名口号就是"买东西吃东西、买东西吃东西",所以怎么可以错过血拼的好机会,除了挑些礼物给自己,孩子的东西当然也少不了。接下来就推荐两个好逛的地方让大家发挥实力吧!

东荟城名店仓

- 地址 大屿山东涌达东路 20 号
- 电话 +852-2109-2933
- 网址 www.citygateoutlets.com.hk
- 时间 10:00~22:00(各店铺有所不同)
- 交通 东涌线东涌站 C 出口

▲ 运动品牌服饰常常有 5 折优惠,不能错过

Tips
关于香港购物退税:因为香港基本上商品都是免税的,所以才会称为购物天堂。

东荟城名店仓是香港唯一的精品名店折扣商场,商城里有超过 90 间的国际精品名店、运动品牌、休闲服饰及居家用品品牌,全年都享有折扣。除了购物之外,也有大食代美食广场,距离香港机场也仅需 10 分钟车程时间,在返程的最后一天,不妨安排到这里好好地血拼满载而归。

这里的运动品牌服饰折扣比较多,有时都是 3 折、5 折的优惠,至于精品的部分,有举办活动时再下手会比较划算。比较可惜的是,东荟城里面是比较偏向纯购物的大型购物中心,并未设有任何的儿童游乐场所,但在东荟城附近有一间东涌文东路体育馆,是以航海历险为主题的儿童游戏室,是完全免费的,爸妈们可以分头行动,一位血拼的同时,另一位就可以带着孩子去玩乐。

海港城

▲ 有龙猫巴士可以拍照

- 地址　九龙尖沙咀广东道 3-27 号
- 电话　+852-2118-8666
- 网址　www.harbourcity.com.hk
- 时间　10:00～22:00
- 交通　尖沙咀站出口 A1

海港城是我每次去香港必逛的购物中心，里面总是会有新的品牌或商家入驻，不管是精品品牌、下午茶名店或者是甜点店，只要是世界上知名的店家，一定都会想办法在海港城内开店，以期在香港宣传名号。

海港城是香港面积最大的购物中心，聚集了所有的名牌，共有五座商城连接而成（包括港威商场、海洋中心、海运大厦、马哥孛罗香港酒店商场及星光行），商场占地就将近 20 万平方米，内部拥有超过 450 间店铺。

其中较适合亲子的商店有海运大厦的 KidX，设有儿童服饰品牌专区，网罗世界各国的儿童服饰，以及香港少数儿童英文读物专门店 Book Buddy，还有这里的玩具反斗城是亚洲区最大的旗舰店，和日本动画大师宫崎骏的电影主题精品专卖店 Donguri Republic 首间海外店，喜爱龙猫的大小朋友千万不要错过。

▲ 法国童装品牌 Petit-Bateau 受到许多妈妈喜爱

🌷 Winnie 的私房景点

　　老夫子及大番薯是许多人的童年回忆，这间以香港本土漫画为主题的餐厅，除了是怀旧主题餐厅之外，店内餐点也有着非常地道的香港味，一进门就有漫画主角在门口迎接大家，餐馆背景布置是以漫画里的标语当装饰，更特别的是连菜单上的菜名，都引用了老夫子漫画中的四字标语，值得我们仔细琢磨一番。而在怀旧香港味中，还得要有创新吃法才更吸引人，例如有道巨大棉花糖甜点，一上桌马上吸引大家的目光，杯内冰凉可口的冰淇淋被云朵般的棉花糖包裹，小朋友都对这好吃又可爱的甜品爱不释手。

- 📍 地址　太子弥敦道 777-781 号安宝楼 1 楼
- 📞 电话　+852-3702-1678
- 🌐 网址　www.facebook.com/omqdiningroom
- 🕐 时间　11:00～23:00
- 🚇 交通　太子站 E 号出口，步行约 1 分钟

老夫子餐馆

▶ 亲子记忆保鲜盒

在香港迪士尼乐园里有一些制作专属个人小物的服务，像是提供儿童帽子免费刺绣，让游客能带走这特别的珍贵回忆！购买的地点就在华丽的中世纪商品店童话艺坊，选一款最喜欢的米奇造型帽，就可以请店员刺绣名字（限英文），制作时间约 20 分钟。之后去全世界的迪士尼，都可以让小朋友戴着这顶专属的名字帽，畅游迪士尼国度了。

Chapter 2 香港轻松欢乐行

亲子记忆保鲜盒

1 专属的米奇帽与城堡的超经典回忆照片
2 制作的过程约 20 分钟，需先填单排队
3 购买帽子即赠送免费的刺绣名字服务（限英文）

迪士尼专属纪念帽

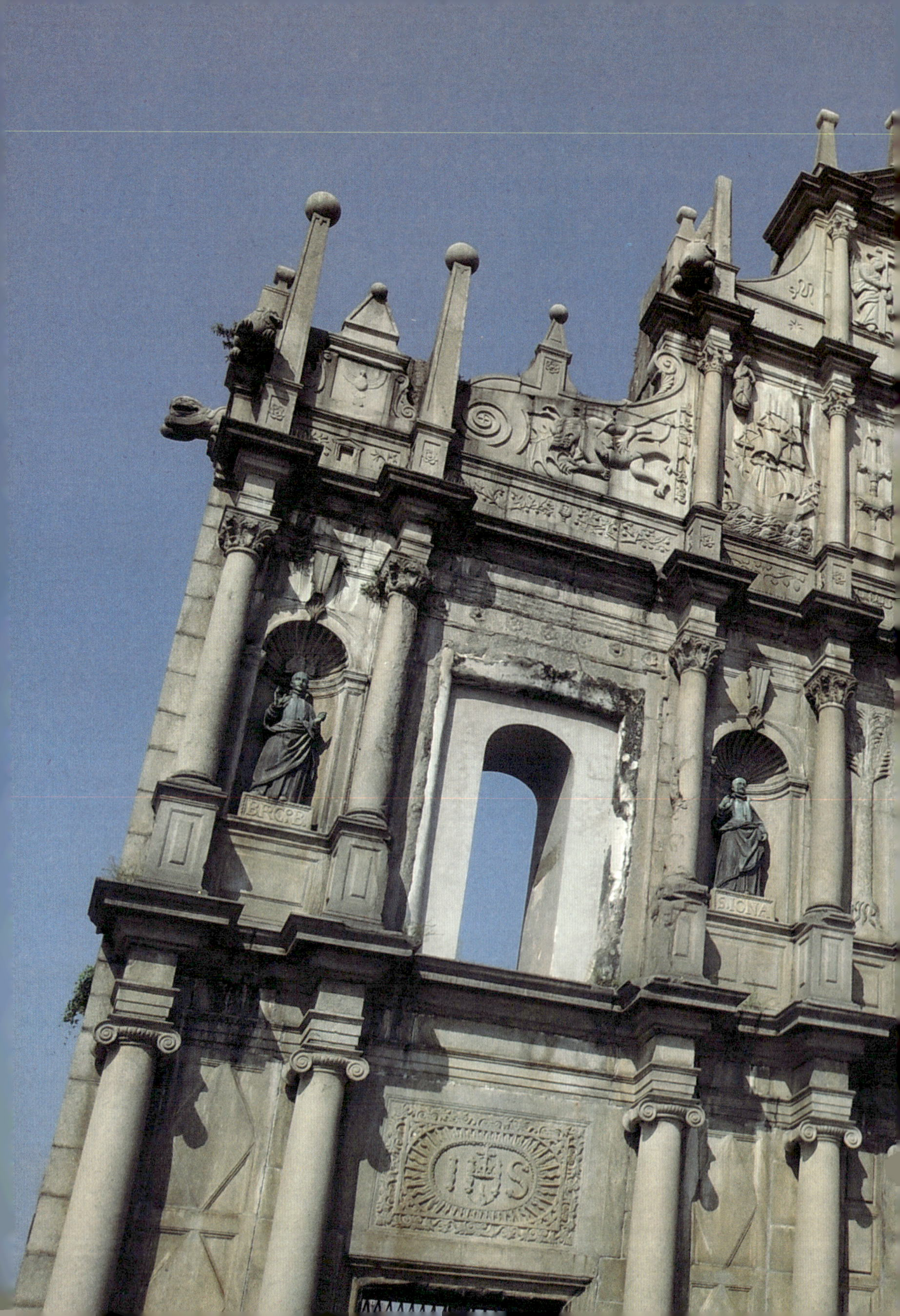
IHS

Chapter 3

澳门 珠海
双城游

爸妈上手度 ♥♥♥♡♡
语言沟通度 ★★★★★
交通便利性 ♥♥♥♥♥

📍 行程推荐

四天三夜行程推荐

Day 1
澳门国际机场
→ 大三巴牌坊
→ 新濠天地水舞间
→ 8字形摩天轮
→ 澳门金沙假日酒店

Day 2
莲花口岸（横琴）过海关前往珠海
→ 企鹅酒店或马戏团酒店或横琴湾酒店
→ 珠海横琴岛剧院之秘境奇技秀

Day 3
长隆海洋王国乐园
→ 莲花口岸（横琴）过海关前往澳门
→ 威尼斯人购物中心

Day 4
官也街
→ 澳门国际机场

Winnie 的旅游攻略 → 在澳门时，建议直接找旅行社买配套行程前往珠海，在旅费上会比单独订饭店便宜许多，毕竟旅行社大多与澳门饭店签了合作条约，价格的差别就在于饭店星级的区分了。

Tips
如果是带小孩飞中长途，建议尽量不选深夜出发的红眼航班，但若是飞澳门这种短程的，则不用在意是否航班时程不好，午班机或晚班机价格相对也比较便宜，以上建议可以列入考虑范围，替钱包减轻点负担。

三天两夜行程推荐

Day 1

澳门国际机场
➡ 莲花口岸（横琴）过海关前往珠海
➡ 横琴湾酒店水世界设施或与海豚共游体验

Day 2

长隆海洋王国乐园
➡ 莲花口岸（横琴）过海关前往澳门
➡ 澳门金沙假日酒店

Day 3

威尼斯人购物中心
➡ 官也街
➡ 澳门国际机场

Winnie 的旅游攻略 ➡ 如果仅3天的行程又想安排去珠海玩，我建议把重心全部都放在长隆海洋王国乐园，最后回程的半天再进澳门市区观光兼购物就够了。在选择机票和饭店的方案上，最好先决定饭店再选择可搭配的机票时间，由于长隆海洋王国是热门旅游景点，旺季时，饭店房间可能会比较难订，大家可以多参考旅行社的优惠专案较划算。

Tips

由于进出澳门及珠海需要过两次海关，不管是行李或证件，大家都要留意，一不小心丢了行李可能还没那么麻烦，如果丢了证件过不了海关，那可就麻烦了！

🚍 交通票券购票篇

有人说澳门不大,能旅游的景点也不多,但其实澳门除了北边的澳门半岛之外,还有南部的氹仔、路环和路氹城所组成,加上不断进行填海造地的工程,现在的澳门面积范围也越来越多,不过大多旅游景点的确主要还是集中在澳门半岛及氹仔上。

澳门在 2012 年开始动工建造轻轨系统,预计 2019 年通车,在尚未开通前,游客可以多多利用澳门各饭店所提供的"(接驳)巴士",也可省下满多的车资费用。

再来说说饭店接驳巴士,有的提供机场到饭店的免费接机,有的则是提供同集团的饭店接车,还有的是饭店到过关闸口的接车。简单来说,它就是个非常便利的小型交通网联结,而且又是免费的,如果懂得利用这些饭店接车巴士,要往返在澳门半岛及氹仔间,根本不需要花费半毛钱,只需要花费时间等候接车巴士即可。

至于如何搭乘及转乘,首先是要确定自己要入住的饭店官网上,是否有相关的接车巴士资讯,包括发车时间、每班班次、站点路线等。如果入住的饭店没有接车大巴也没关系,大家还是有两种方式可以选择,一是搭乘其他饭店的接车大巴,二是直接搭乘出租车前往目的地。澳门的出租车车费相当低廉,不过当有行李随行上车时,会依行李件数加收行李费用,这点是澳门当地的收费标准,绝对不是司机要占大家的便宜。

澳门还有另一种可利用的交通工具,就是需要收费的公共大巴。目前有三家大巴营运公司,分别是澳门新福利公共汽车有限公司、澳门新时代公共汽车有限公司和澳门公共汽车有限公司。三家的大巴都统一收费,在澳门半岛内车费澳门币 3.2 元、氹仔区内车资 2.8 元、澳门半岛往来氹仔(包括机场)4.2 元、澳门半岛往来路环市区 5.0 元,也是相当便宜的。

旅游票券购票篇

　　澳门是个繁华的不夜城，又有东方拉斯维加斯之称，来到澳门当然会想要体验参观一番。许多饭店都有设置开放式的赌场，非饭店房客也可以进去免费参观及小试手气，但进出赌场是有年龄限制的，所以大型饭店会有配套措施，有的会设置儿童游乐场，也有的是举办免费灯光秀或表演供大家欣赏，而若是该饭店房客，大多能享有免费的使用权或享有折扣，非饭店房客的话，就需要自行购票体验了。

　　澳门最令人向往的表演，莫过于华丽壮观的水上汇演"水舞间"，想观赏的话可以事先在官网购票，也可以委托旅行社购票，部分旅行社也会推出"住宿送表演门票"的优惠专案，大家可以多查询旅行社的优惠，再去作评比。

　　另外，像是永利皇宫的观光缆车、新濠影汇的 8 字形摩天轮、蝙蝠侠夜神飞驰 4D 体验、华纳满 FUN 童乐园、梦工场体验的相关行程，都跟澳门饭店住宿配套选择。至于在珠海的长隆海洋王国，则推出了饭店配套乐园或者是横琴岛剧院大马戏的套餐行程。

　　近几年，澳门、珠海愈加蓬勃发展，每年不断出现新饭店、新设施，每次去都能有不同的旅游规划，建议先选好入住的饭店，再选择想参加的活动，最后，各家旅行社的方案中比价，找到最适合全家人的配套行程。

景点介绍

新濠影汇 8 字形摩天轮

- 📍 **地址** 澳门路氹连贯公路（新濠影汇 3 楼）
- 📞 **电话** +853-8868-6767
- 🌐 **网址** www.studiocity-macau.com/tc
- 🕐 **时间** 平日 12:00~20:00 假日 11:00~21:00
- 🚌 **交通** 澳门国际机场可搭乘接驳大巴直达新濠影汇
- 💲 **价格** 成人门票港币 100 元，儿童（2~12 岁）门票港币 80 元，2 岁以下免费
- 🍼 **育婴室** 新濠影汇并不提供完善的育婴室空间。

这座世界首创的 8 字形摩天轮，就设计在新濠影汇的两栋建筑中间，离地 130 米，设计的主轴以科幻复古的元素打造而成，有人说它就像是电影场景中会出现的画面，没想到这个跳脱出圆形摩天轮框架的 8 字形摩天轮，就诞生于澳门的新濠影汇，也成了澳门的特殊人气旅游景点及指标建筑。想搭乘这个全球独一无二的 8 字形摩天轮，得先买票之后，坐上专属的电梯到 23 楼乘车处，由工作人员安排乘坐上可容纳 10 人的车厢，居高临下将玻璃窗外的美丽景致尽收眼底。

Tips

虽然 2 岁以下的孩子可以免费搭乘，但是不能携带婴儿推车，在购票时会有工作人员告知婴儿车寄放处，待乘坐完了摩天轮之后，再回到入口处取车即可。

Chapter 03　澳门珠海双城游　景点介绍

必游原因

小朋友都喜欢乘坐摩天轮，对那种缓慢转圈又能高飞的感觉很兴奋；对爸妈来说，觉得乘坐摩天轮是一种浪漫的氛围；对全家人来说，则是一种幸福感，更何况这是全球仅此一座的 8 字形摩天轮，到此一游的全家人合影照片是一定要拍的啊！

新濠天地水舞间

水舞间堪称澳门第一的人气表演，筹划 5 年，斥资超过 20 亿港币所打造。舞台泳池超大容量，等同于 5 个奥林匹克标准泳池的水量，并搭配着顶尖科技设备、光彩夺目的服装与各国顶尖表演舞者。

每一幕都让观众屏息以待，欣赏着整体所呈现的震撼感，不管在 270 度环形剧场里的哪个角度，都可以清楚观赏到表演者精湛的演技与细腻的肢体动作。看过水舞间的人都给予一致好评，甚至还想要再看一次，这种精彩绝伦的旷世巨作真的非常值得欣赏。

表演时间： 约 2 小时

Tips

水舞间可以从官网订票系统购票，系统会依据最新的售票情况，标示出最佳座位供选择。若是要带小朋友进场观看，也需付费，且需要成人陪同才能入场参看。

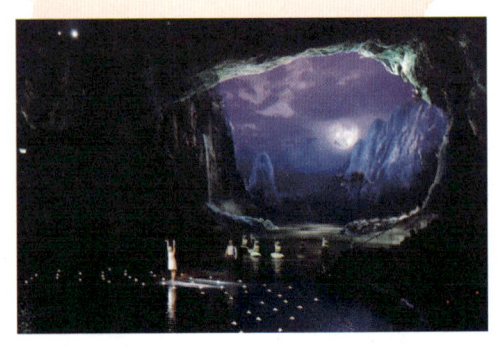

▲ 水舞间表演

- 地址 澳门路氹连贯公路（新濠天地君悦酒店 1 楼）
- 电话 +853-8868-6688
- 网址 www.thehouseofdancingwater.com/tc
- 时间 依官网公告表演场次为主
- 交通 澳门国际机场可搭乘接驳大巴直达新濠天地
- 价格 VIP 区港币 1,480 元；A 区成人票价港币 980 元，小童港币 686 元；B 区成人票价港币 780 元，小童港币 546 元；C 区成人票价港币 580 元，小童港币 406 元
- 育婴室 洗手间备有简易的更换尿布设备。

澳门珠海双城游 — 景点介绍

必游原因

有人说到澳门没看过水舞间就等于白去了，可见得经久不衰的水舞间水上汇演有多令人赞赏。富有内涵的故事内容剧情、舞者精湛卖力的演出，带领着我们身临其境走一回。而且它也是个非常适合全家观赏的特技表演大秀，有着完美的舞台设计布置及灯光音效，每个细节都能让人沉醉其中。

长隆海洋王国乐园

📍 地址	广东省珠海市横琴区富祥湾
📞 电话	+86-400-833-0083
🌐 网址	zh.chimelong.com/Oceankingdom
⏰ 营业时间	10:00～20:30
🚌 交通	可由横琴口岸搭乘接驳大巴至珠海横琴长隆国际海洋度假区
💲 价格	成人（平日）人民币 350 元，（假日）人民币 380 元；（平日）人民币 245 元，（假日）人民币 265 元 *1米5以上的儿童需购买成人票，1米以下则可以成人陪同免费入园
🍼 育婴室	园区内虽无提供专门的哺乳室，但是有多处备有家庭洗手间，附设换尿布的平台设备。

2014 年正式开放的长隆海洋王国乐园，是世界最大的海洋主题公园，园内设施更创下多项世界之最！包括 5 项金氏世界纪录，还汇集了许多珍奇的海底动物，并结合了大型剧场表演及刺激惊险的游乐设施，另提供了美食餐饮、购物等综合娱乐设施，是非常适合亲子旅游的主题乐园。

园区内分成了八大主题区，从入园走进"海洋大街"就能欣赏到震撼的深海世界 LED 天幕、能与海豚近距离接触的"海豚湾"、著名热带亚马孙河流区，还可以搭乘过山车享受刺激的"雨林飞翔"、巨型水族箱聚集了2万多条珍奇鱼类的"海洋奇观"、投入冰雪世界中极地动物展馆的"极地探险"、多种为儿童量身打造的游乐设施就在"缤纷世界"、可爱有趣的海象与海狮聚集在"海象山"以及欣赏花车巡游、烟火汇演活动场地"横琴海"，丰富有趣的八大主题区让人一天也玩不完！

建议游玩时间：1 天

必游原因

对孩子而言，充满着生命力的奇妙海底世界，是一个神秘又有趣的地方，长隆海洋王国里就有一个高达有 68 米的鲸鲨馆，是世界最大的海洋鱼类展览馆，透过馆内高达 8.3 米、长 39.6 米的观景窗，欣赏最壮阔的海洋景观，绝对会留下深刻无比的回忆。

Tips

长隆海洋王国的占地面积广大，而各个表演的展区之间都有些距离，若携带较小的幼儿，建议一定要准备婴儿推车，免得幼儿体力透支，要爸妈抱时，家长就辛苦了。园区也有租借婴儿推车的服务，可以在入园处的租借中心办理。

- **地址** 位于炮台山下，左临澳门博物馆和大炮台名胜
- **电话** +853-6238-6441（澳门文物大使协会）
- **时间** 9:00~18:00（17:30 后停止入场）
- **交通** 由澳门议事亭前地，步行约 8 分钟可抵达
- **价格** 免费

　　大三巴在澳门是最具代表性的名胜古迹，已列为世界文化遗产及澳门八景的指标旅游热点。

　　大三巴原是圣保罗大教堂遗址，由于 1835 年的大火损毁，目前仅遗留下教堂前的石阶梯及花岗石建造而成的前壁，因外形与中国的牌坊相似，所以才称之为"大三巴牌坊"。牌坊高 27 米、宽 23.5 米，融合了欧洲文艺复兴时期及东方建筑精神特色。虽然迄今只是教堂遗留下来的断壁残垣，仍能折射出那段历史故事的光芒和它所遗留下来的欧式气息。

　　除了大三巴牌坊之外，牌楼内侧还有个主教艺术博物馆和教士墓室，旁边有个哪吒庙，后方有大炮台及澳门博物馆，如果认真逛的话，可能半日都走不完。

建议游玩时间： 2~3 小时

大三巴牌坊

Chapter 3 澳门珠海双城游 | 景点介绍

▲ 议事亭前地

必游原因

从议事亭前地到大三巴的市区中心附近，就是澳门半岛最热闹的观光闹市区及购物区，目前很多建筑仍保留了巴洛克文艺风格的元素，因此也有人称这里为"小欧洲"，带着小朋友同游可以留下许多美丽的照片及回忆。

Tips

大三巴牌坊是世界有名的游客必访澳门景点，所以白天人潮拥挤，若是要在大三巴前拍照、取景非常困难，建议大家可以在傍晚造访，游客会略少一些，还能欣赏到点灯后的大三巴，那又是一种不同的体验。

57

美食分享

安德鲁饼店

说到澳门的美食小吃，大家第一个想到的绝对就是葡式蛋塔。曾红极一时的葡萄牙美食，就是由老板安德鲁在澳门将其发扬光大而名扬海外。

最早的安德鲁饼店是在路环半岛开设。如果大家有机会逛街到威尼斯人度假村酒店大运河购物中心，也能品尝到这个蛋塔鼻祖的创始口味。

他们家的蛋塔特色就是在于层层酥脆的外皮，包覆着鸡蛋及鲜奶所调制出来、细致又滑顺的蛋塔馅，再搭配上一点点微焦的色彩，衬托出蛋塔酥香的卖相。每批出炉的蛋塔，香气都让站在几米外的人闻香而至，吃上一口就极其难忘，大家都是一打一打地买回去与家人、朋友分享。虽然明知道热量不低，但就是抵抗不了那美味啊！

地址 澳门威尼斯人度假村大运河购物中心脸谱街 870 号铺
电话 +853-2886-6889
网址 www.lordstow.com
时间 周日至周四 10:00～23:00
　　　 周五、周六 10:00～00:00

Cozinha Pinocchio 木偶葡国餐厅

- 地址　澳门氹仔旧城区消防局前地 38 号
- 电话　+853-2882-7128
- 时间　12:00～23:00

　　位在于澳门氹仔市中心的木偶葡国餐厅，是澳门氹仔的第一间葡国餐厅，迄今已是近三十余年的老店，是澳门数一数二的老字号葡国餐厅，也曾有不少的名人光顾过，相当有知名度。

　　餐厅外观为典型的葡式建筑，搭配欧式的木制窗框，让整栋建筑充满着浓浓的异国风情，而店内最受欢迎的招牌菜色有马介休球、咖喱炒蟹、葡国鸡等，碳烤类的菜色也值得一试。

　　而我最推荐的是"马介休球"，还记得第一次吃到口中时，外酥内软的口感，就算烫嘴还是边呼气边喊着好吃，继续吃下口。马介休球是由加拿人的马介休鱼的鱼肉混合马铃薯泥再制成球状，经过高温油炸后，一道金黄色的地道葡国风味特色菜就出炉了，是很难得有机会品尝到的独特料理。

亲子血拼胜地

威尼斯人购物中心

- 地址　澳门望德圣母湾大马路
- 电话　+853-2882-8877
- 网址　www.venetianmacau.com
- 时间　10:00～14:00（视不同店铺营运时间而异）
- 交通　澳门国际机场搭乘威尼斯人穿梭巴士

　　威尼斯人购物中心位于澳门威尼斯人度假村酒店第三楼层，是澳门最大的室内购物中心。在这个大运河购物中心内，还包含了3条运河、数十家的餐厅及约350间店铺。

　　整座购物中心是依照美国拉斯维加斯的威尼斯人酒店所打造，一样以水乡威尼斯为主题，整个购物广场内部，除了充满异国风情的威尼斯特色拱桥及石板路之外，最让人津津乐道的就是购物中心的天幕灯光效果，时而会是白天蔚蓝天空，隔一段时间又会转为日落晚霞云彩的效果，宛如身在电影中的梦境场景般浪漫。

　　至于购物中心内有什么好买的呢？我推荐可以去逛这边特有的品牌，例如，全亚洲最大的曼联商品旗舰店，非常受足球迷的喜爱；特色伴手礼品，包括咀香园饼家及巨记饼家也设有店铺，依我的经验，这里买的价格虽然比官也街贵一些，但如果之后行程无法去逛官也街，在这里一次买齐也可以哦！

刚刚也有提到威尼斯人购物中心有3条室内运河，在运河上有提供贡多拉游船服务，是仿威尼斯水都的传统划船服务，来回船程约15分钟，付费即可搭乘。穿梭在充满威尼斯风情的运河上，船夫在一边撑船的同时，还会为乘客献唱浪漫的情歌，是最适合让全家人一同体验异国风情的亲子活动。

▲ 威尼斯风情

Tips

很多人一进到威尼斯人购物中心就容易迷路，建议先在一楼资讯中心拿取购物中心的平面位置图，大致规划一下想去的店铺，再决定路线，会比较省时省力。

建议可以买些威尼斯人酒店的特色纪念商品，例如，威尼斯人酒店的吉祥物化身为贡多拉船夫小狗，非常可爱又有特色。

官也街

位于氹仔南部中区中心的官也街，是个充满历史韵味的美食老街，也是澳门的第一个行人专用区。在这条宽 5 米、长约 115 米巷弄内，林立了不少知名伴手礼饼铺店，很多游客都是到了最后一天才到官也街扫货，所以官也街荣登了澳门旅游胜地的热门景点之一。

近几年开始有文创商店进驻，让原本充满着旧城市老街气氛的官也街，慢慢有了新气象，每逢周日或是特别假期，官也街前会有假日市集小摊聚集，游客可以在这里看到琳琅满目的手工艺精品、服饰或花艺小物等，为昔日只有饼香味的官也街增添了一种艺术气息。

Chapter 3　澳门珠海双城游　亲子血拼胜地

- 📍 地址　氹仔旧城区官也街
- 🕐 时间　10:00～21:00（视不同店铺营运时间而异）
- 🚌 交通　可搭乘 11、15、22、28A、30、33、34 号巴士至氹仔官也街站下车

Tips

在官也街的大型伴手礼店都可提供刷卡的服务，但部分商家及小店则要付现金购物，在澳门使用的是澳门币、港币或人民币，但币值上会略有一些汇差，在大陆较少银行能兑换澳门币，所以一般都会准备港币消费较多，但如果店家找零钱给澳门币，记得在下次购物时先使用澳门币付费，因为在汇差下澳门币值是小于港币的。

在官也街人气最旺的两家伴手礼店，一家是咀香园饼家，另一家则是巨记饼家，这两家的产品都各有拥戴的爱好者。这两家我会买的是咀香园蛋卷（有包肉松或海苔）、巨记杏仁饼，店家也有提供试吃的服务，大家可以尽情地品尝到满意再下手即可。

另外在官也街也还有晃记饼家、文记饼家也是老字号的伴手礼品店。最后不能错过澳门官也街起家的大利来记猪扒包，品尝一下传奇性的美味小吃到底是什么好滋味。

63

Winnie 的私房景点

珠海横琴湾酒店与海豚畅游

▲ 珠海横琴湾酒店大厅

- 📍 **地址** 广东省珠海市横琴新区富祥湾
- 📞 **电话** +86-756-299-8888
- 🌐 **网址** zh.chimelong.com/Hengqinbayhotel
- ⏰ **时间** 需提前预约此项活动（分上午／下午场次）
- 🚌 **交通** 可由横琴口岸搭乘接驳巴士至珠海横琴长隆国际海洋度假区，或由澳门威尼斯人酒店、金沙城假日酒店购买专车车票前往。

Tips

此活动会因天气因素取消，且需要事前做预约。正式与海豚接触前，会有海豚小学堂的基本教学和注意事项的宣传，以保护海豚和自己的安全。下水之后，一定要听从指导员的口号与海豚互动，切忌擅自碰触海豚的嘴巴或尾巴，以免发生危险。

在长隆国际海洋度假区内一共有 3 家主题饭店，包括以企鹅为主的企鹅酒店、以马戏团为主的马戏酒店，另一个就是以海豚为主的亲子度假酒店"长隆横琴湾酒店"。

在气派非凡的大厅内，有 8 只珊瑚琉璃的巨型海豚造景，在饭店的露天海豚池里，还能看到真正的海豚，最特别的是，住客还能报名参加与海豚共游的体验活动，可以摸摸它们、与它们亲亲，还能化身为海豚训练师，和它们一起畅游水中，是非常难能可贵的机会。

此体验活动需要付担额外的费用，如果不想花钱又能近距离地与海豚互动，珠海横琴湾酒店设置的水世界戏水池中，有一处泳池，与海豚池以透明的有机玻璃连接，在此处就可以透过玻璃看到在水面下戏水的海豚，有时它们也会靠过来与大家打招呼呢！

▶ 亲子记忆保鲜盒

在行程住宿上会特别推荐入住"澳门金沙假日酒店",因为金沙假日酒店为了亲子旅客,特别打造了体验梦工场的活动及餐饮服务,在下午时段会安排梦工场的动画明星出来游行并与大家拍照互动,若是想要跟它们一起共享用餐时光,则可以参加"功夫熊猫之舞林盛宴"行程,欣赏他们精彩的表演,度过美好的用餐时光。在餐点的部分,也有精心的设计,利用了角色中的元素,制造出许多特色的糕点或料理,童趣创意十足又不失美味,可以让小朋友留下难忘的欢乐早餐回忆!

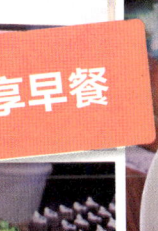

与梦工场巨星共享早餐

Chapter 4

首尔乐园亲子行

爸妈上手度 ♥♥♥
语言沟通度 ♥♥♥
交通便利性 ♥♥♥♥

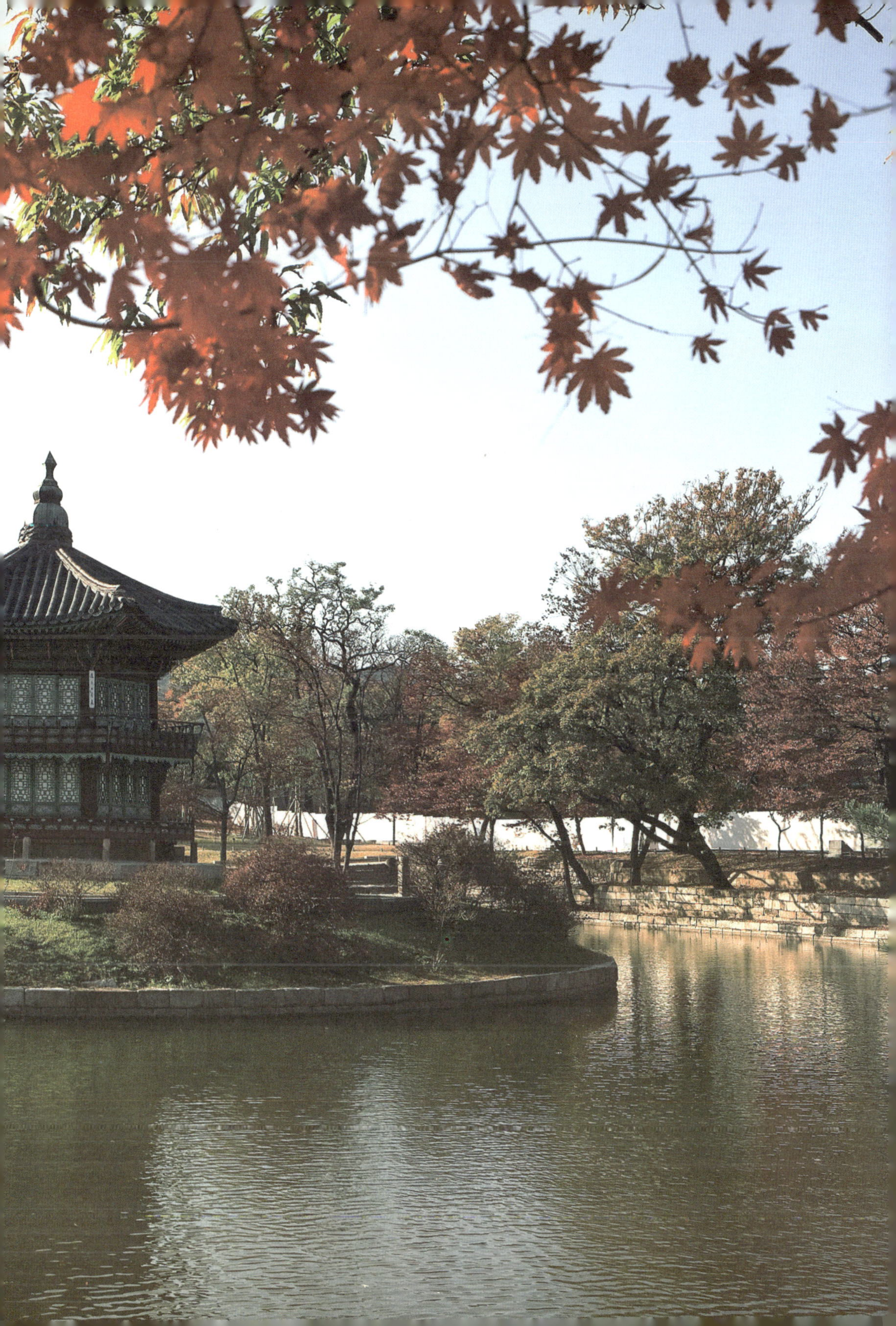

📍 行程推荐

五天四夜行程推荐

Day 1
首尔仁川机场或金浦机场
→ 弘大商圈&创意市集
→ 羊咩咩咖啡馆 & 梨大商圈

Day 2
乐天世界 
→ 乐天超市
→ 明洞商圈

Day 3 
爱宝乐园 → 陈玉华一只鸡
→ 东大门商圈（Doota）
→ 东大门设计广场（DDP）

Day 4 
时代广场&永登浦商圈
→ 草莓妹乐园
→ N 首尔塔

Day 5 
南大门市场&童装批发中心
→ 乐天百货
→ 首尔仁川机场或金浦机场

Winnie 的旅游攻略 → 大部分初访韩国的朋友，一般还是会以首尔市附近的景点为主，若是带着小朋友，其实不建议一天跑太多个行程。饭店方面建议固定在同一家会比较省事省钱。虽然仁川机场真的很好逛，但是飞金浦机场可省下机场来回的交通时间。再谈到住宿的选择，不一定要选择饭店，因为在热门逛街景点附近的饭店选择不多价格也不便宜，建议可以选择民宿或商务旅馆，也会省下一些旅游的支出费用。

Tips
如果是下午抵达首尔，晚上还有时间去逛逛不夜城的东大门商圈。其次要留意抵达韩国机场后，进市区的配套交通工具时间。若是廉价航空较晚的班机，可能抵达仁川机场之后，公交车的末班车时间记得要顺利赶上，所以带小朋友的话，建议不要选择太晚或太早的班机时间。

四天三夜行程推荐

Day 1
首尔仁川机场或金浦机场
→ 弘大商圈&创意市集
→ 梨大商圈

Day 2
乐天世界 → 乐天超市
→ LINE 专卖店
→ 明洞商圈

Day 3
东大门设计广场（DDP）
→ 东大门商圈（Doota）
→ 陈玉华一只鸡

Day 4
南大门市场&童装批发中心
→ 乐天百货
→ 首尔仁川机场或金浦机场

Tips

若是只要短短四天的行程，建议都安排在市区玩玩即可，因此选择较近的乐天乐园比较合适。韩国有些景点的确还是不容易抵达，带着小朋友要坐公交车又得换车的长途车程旅途，比较不方便。另外就是挑选去乐园玩的时间，最好是避开周末或假日。

交通票券购票篇

在首尔，主要的交通工具就是地铁，目前首尔的地铁圈共分成 9 条线，再加上几条以韩国铁道公社的盆唐线及仁川地铁等线路，一共 18 条路线。每条地铁线会以不同颜色区分且每个站都有标示代码，即使看不懂韩文，也可以轻松地区别出目的地的代码站名。

首尔地铁圈中 1 号线会经过首尔的中心区，包括钟阁、市政厅、首尔车站等运输转运的要站；2 号线是条环状铁路，又称为大学线，因为会经过弘益大学、梨花女子大学等站，也会经过明洞附近的乙支路入口站，是条首尔最新流行购物区的地铁线；3 号线是条文化线路，延途会行经首尔五大古宫当中的景福宫与昌庆宫，能体验到韩国传统文化区的仁寺洞等区；4 号线会经过明洞、东大门历史博物馆等站，也是条集合重点式地铁线；7 号线会经过世界巨星"江南大叔"住的江南区；8 号线会经过乐天百货超市及乐园；9 号线则是由金浦机场往返进首尔市区的重要地铁线。

地铁票价，基本收费是 10 公里 1,350 韩元，儿童（7～12 岁）是 450 韩元，6 岁以下的幼童可以免费搭乘，若是要以地铁为主要交通工具的游客，建议大家买张 T-money 的预付款乘车卡来支付车票费用可享有优惠折扣，比较划算。

T-money 是储值型的乘车卡，可在各大车站及便利商店内购买和储值，每张售票为 2,500 韩元，适用的范围除了可搭乘地铁之外，也在公交车、超市、计程车、公共电话，甚至是乐天世界游乐园里都能使用，可用的范围非常广泛。

此交通卡可以办理退卡申请，可于最后一天离境前，在车站内办理退卡，将卡内的余额扣除掉 500 韩元手续费用全额领回；如果是单程使用地铁，也可以直接购买地铁票卡。

旅游票券购票篇

首尔的各项大型游乐园门票，在旅行社都有预售的服务，包括乐天世界门票、N 首尔塔、4D 艺术博物馆，以及一些经典的韩国乱打秀、功夫秀等大型演出票券。几个大型的游乐园门票，在韩国观光公社网站及其乐园的官网都会有不定期的优惠促销，届时再到韩国购头即可；有些表演则有场次人数的限制，有兴趣看表演节目的朋友，可以事先预购该时段场次，免得扑了空就可惜了。接下来，介绍几个可以下载旅游票券折价优惠的网站给大家参考吧！

韩巢旅游网

网址 → **www.hanchao.com**

韩巢旅游网是韩国专业的旅行攻略网站，除了可以查询到各景点的相关资讯，目前还提供了地图等相关的路线查询服务。因为在韩国 Google Maps 并不好用，所以如果要查询地图路线，使用韩巢网站会在行程规划上有很大帮助。另外，在折价优惠的部分，许多景点门票或餐厅也都提供特价的优惠折扣，建议大家可以多加利用！

韩国观光公社

韩国观光公社是韩国官方的旅游网站，介绍许多详尽的韩国旅游资讯，而且在推广方面也做得相当的不错。

乐园的官网专属优惠

网址 → **kto.visitkorea.or.kr/chn.kto**

许多韩国乐园的官网，不定期会提供相关的优惠折扣讯息，大家浏览相关的乐园资讯时，顺便查询有没有专属的优惠票券，或者比一比，看看哪个优惠的折扣数比较多。

景点介绍

乐天世界

▲ 乐天世界城堡

　　乐天世界可说是韩国最著名的乐园，由于位处于首尔市中心，加上交通便利可搭乘地铁直达，所以每年都吸引将近800万人次以上的游客前往。

　　乐天乐园包括一个大型室内主题乐园（韩国最大的室内乐园）及探索世界和魔幻岛等多个主题园区，还有民俗博物馆、乐天滑冰场及乐天超市，可以在乐园里从白天玩到晚上，接着再去逛超市血拼，算是结合观光、休闲、购物的一个大型商圈，整个行程绝对让大家心满意足、满载而归。虽然归类为室内的主题游乐园，但仍有大型游行活动表演，节目也会随着节庆而有不同的类型及表演，园区内会区分不同年龄层，从而规划了大小朋友都适合的游乐设施，包括刚会爬的婴儿也有专属的欢乐天地，是个适合一年四季，能随时造访的主题乐园。

建议游玩时间：1天

Tips

乐天世界主题乐园常常会有一些优惠的活动，购票前最好先上网看看相关的最新公告，许多韩国的旅游APP中也会搭配折扣券下载，可以替自己省下不少的费用！

- 地址　首尔松坡区奥林匹克路 240（蚕室洞）
- 电话　+82-2411-2000
- 网址　www.lotteworld.com/index.asp
- 时间　09:30～22:00（依季节不同会调整）
- 交通　首尔地铁 2 或 8 号线至蚕室站 4 号出口
- 价格　自由使用券（即包含所有的游乐设施皆可使用）成人 48,000 韩元；儿童（3～12岁）38,000 韩元；幼儿（12 个月～未满 36 个）12,000 韩元
- 育婴室　有尿布室、专属的哺乳室，也可以租借婴儿车，另外有简易的医务室、儿童走失的保护所。

▲ 儿童专属游戏区"乐蒂的儿童奇妙乐园"

必游原因

乐天世界不仅仅是个主题乐园，更是一个复合型的休闲生活空间，不只受到外国游客的喜爱，韩国人假日时也会携家带眷同游此地。最值得造访的是精彩盛大的花车游行表演及华丽又充满活力的嘉年华等级表演，所有的演出者都能带给游客欢乐的氛围，是个很适合婴幼儿或较小年纪的孩童造访的乐园，也不用担心下雨会错过任何表演。

爱宝乐园

- 地址　京畿道龙仁市处仁区蒲谷邑爱宝乐园路 199
- 电话　+82-3-1320-5000
- 网址　www.everland.com
- 时间　09:30~22:00（仅在夏季旺季延长夜间开放）
- 交通　可在 2 号线江南站 10 号出口搭巴士 5002 抵达乐园，或是搭乘爱宝乐园的乐园专车（首尔多个地铁站设有搭乘接驳站，但需事先预约）
- 价格　一日票：大人 54,000 韩元；儿童 43,000 韩元
二日票：大人 84,000 韩元；儿童 67,000 韩元
星光票（5 点过后）：大人 45,000 韩元；儿童 36,000 韩元
- 育婴室　韩国乐园的婴儿室环境设施都很专业，爱宝乐园里设有四个专属的婴儿服务区，另外有医务室及儿童走失的保护所。

　　由三星集团所建立的爱宝乐园 Everland，是韩国最大的主题乐园，还有人称它为韩国的迪士尼乐园，英文名字选用了象征着永远的活力 ever 及拥抱自然 land 两个单词组成，代表着爱宝乐园是个自然又充满活力的梦幻乐园。

　　虽然位于首尔近郊的京畿道龙仁市，离首尔市区的车程约 1 小时，但爱宝乐园集合了惊险刺激的游乐设施，还有野生动物王园、环球集市、美洲冒险区、魔术天地及欧洲冒险区等五种不同类型的主题园区，在不同季节还有不同的大型巡演游行，每个园区都会随着季节而展开不同的欢乐庆典活动，游行和烟火也都不输给迪士尼乐园，有很多游客慕名前往。而在爱宝乐园旁边的加勒比海湾则是爱宝乐园的巨型水上乐园，室内外多种设施让你一年四季都能在这里享受水上乐园的乐趣，如果时间允许的话，连玩两天水陆两大园区，应该也是不错的选择！

建议游玩时间： 1~2 天

必游原因

爱宝乐园里有个创下世界各地多项纪录的木制过山车 T Express。它是全木制的跑道，除了最高时速可达 104 公里，还有将近 77 度近乎垂直的降落刺激感，让很多云霄飞车迷都争相造访。对于小朋友，最喜欢的莫过于野生动物园与动物们亲近。而来到爱宝乐园，可以搭乘野生动物园专车，近距离欣赏到狮子、老虎、黑熊等猛兽。

Chapter 4 首尔乐园亲子行

景点介绍

Tips

爱宝乐园也有地铁站，但从首尔市区得换 3~4 次线并坐上快 2 小时的车程才能抵达，若是带小朋友，光是推车并上下换车就觉得累了，所以建议大家可以搭乘爱宝乐园配合的专车（在首尔市区有多个地铁站搭车处，需要事前预约），一早可以坐着专车，养精蓄锐，1 小时就可抵达乐园，然后尽情地玩耍吧。

必游原因

N 首尔塔是韩国标志性建筑，是所有观光客的必访景点之一，可以登高望远饱览整个首尔的美丽景致，加上这里也是恋人圣地，许多热恋情侣都会到此，携手挂上他们的同心锁于栏杆上，此特色也形成了 N 首尔塔的另一道美丽风景。

N 首尔塔（亦称首尔塔、南山塔），是热门韩剧《来自星星的你》拍摄场景之一，所以很多人都会向往登上首尔塔，看看男女主角的爱情信物，并同时感受一下浪漫的爱情氛围。

事实上，N 首尔塔当初是为了电视及广播发送至首都圈而建立的第一座综合电波塔，后来才开放给一般民众参观，现在成了首尔的象征建筑物，同时是旅游圣地。景色优美的南山自然景观，不管是白天还是晚上，都是眺望汉江和欣赏首尔夜景的好地方。另外，N 首尔塔上还设有旋转餐厅、咖啡厅及展望台，塔身的灯光还会依季节及节日而更改其颜色，首尔的夜晚，因为有这梦幻的灯光秀，给整座城市的天空增添了色彩。

建议游玩时间：3 ~ 4 小时

N 首尔塔

- 📍 **地址** 首尔龙山区南山公园街 105
- 📞 **电话** +82-2-3455-9277
- 🌐 **网址** www.nseoultower.co.kr
- 🕐 **时间** 观景台：周一至周五、周日 10:00～23:00；
周六 10:00～24:00（营业时间视天气因素可能调整）
- 🚇 **交通** 地铁 4 号线明洞站 3 号出口，步行至南山缆车搭乘处，再搭乘缆车前往 N 首尔塔，或明洞站 4 号出口直走，至会贤站十字路口往南山缆车方向走，再搭乘缆车亦可
- 💲 **价格** 一般观景台：成人 10,000 韩元，小孩（3～12 岁）8,000 韩元
- 👶 **育婴室** 厕所设有更换尿布简易平台，在 N 首尔塔的大厅层则设有哺乳室。

Chapter 4 首尔乐园亲子行

景点介绍

▲ 晚上绚丽的首尔塔

Tips

搭乘南山缆车至 N 首尔塔后，还需要爬一段长长的石阶，才能抵达首尔塔的售票柜台及观景区，这一段路程不太适合推婴儿推车，如果要前往，建议搭配背巾。

东大门设计广场（DDP）

▲ 特别艺术展示的玫瑰花海

- 地址　首尔中区乙支路281（乙支路7街）
- 电话　+82-2-2153-0000
- 网址　www.ddp.or.kr
- 时间　艺术中心：10:00～21:00（根据展览时间可能变动）
  文化中心：10:00～19:00（周一、1月1日、春节、中秋当天休馆）
  　　　　　10:00～21:00（周三、五延长开放）
  设计中心：10:00～22:00（每月第三个周一休馆）
- 交通　4号线东大门历史文化公园站1、10号出口或2号线东大门历史文化公园站1、10号出口
- 价格　设计广场内免费参观，若要参观展览费用则依门票不同收费
- 育婴室　有哺乳室及女性休息室且另有医务室，全年无休24小时营业。

　　东大门设计广场Dongdaemun Design Plaza（简称DDP）是首尔另一个建筑标志物，也是世界规模最大的三维新地标，从2014年正式开幕后，就成为首尔重要的观光景点之一。在这个国际级的设计广场里，曾举办过各种会议展览、时尚秀及表演艺术及节目活动等，是一个设计结合艺术的大型复合式多功能广场。

　　广场最大的特色是建筑外形宛如宇宙飞船、圆滑且没有任何棱角和柱廊，并以45,000片地砖覆盖搭建而成，与同处的东大门历史文化公园相比，成为超现代的

强烈对比。整座 DDP 拥有地下 3 层及地上 4 层的大规模建筑，内部的设计与外观一致，连阶梯也设计成曲线造型。

每年的首尔时装秀都是在这里举办的，近年也在户外设有大型的活动展览，像 LED 玫瑰园特展就深受国内外游客喜爱，争相前往取景拍照，连韩国偶像剧都常以这里为恋人相恋的背景。

建议游玩时间：1~2 小时

必游原因

DDP 是韩剧《来自星星的你》其中一个拍摄地，也是韩国 Instagram 标签最多次的地点，还曾于 2015 年被列为全球必去的 52 个旅游景点，也是韩国 Facebook 打卡人气的第五名地点，这么有趣的韩国人气景点，一定要来这里拍照留念。

Tips

DDP腹地范围很大，光是通往地铁的出入口就四通八达，若要整个逛一圈其实也挺累的。比较推荐直接由 4 号线东大门历史文化公园站 10 号出口进出，因为这里离一般大家常逛的 Doota、Migliore 及 Hello APM 几个百货商场很近，过个马路就到了。

🍴 美食分享

韩国一条街上每走几步就是一间咖啡馆,而且一间比一间华丽及时尚,所以逛街逛累了,随时可以找一间咖啡馆歇脚。而这间位于弘大商圈的 Thanks Nature Café,在弘益大学正门前的大街上,从地铁弘大站步行大约要 10 分钟。

此店最大的特色就是有可爱的羊咩咩作陪,让顾客可以亲密接触这些疗愈系的可爱小家伙。店里的两只人气羊咩咩,只要顾客一拿出饲料就会撒娇的一直靠近,而且个性都相当温驯。对小朋友来说,可以近距离接触羊咩咩是一件很开心的事。室外羊棚会经常清理,不用担心享用美味的下午茶点心时,会有异味飘过来。

店里的招牌食物就属人气 No.1 的松饼和花茶饮品了。韩国的松饼同样是每家都既丰盛又花俏,Thanks Nature Café 的松饼除了外表华丽外,口味也是相当不错。如果要去洗手间的话,需要跟店家借钥匙才能去大楼专用的洗手间。

- **地址** 首尔麻浦区西桥洞 486,西桥 Prugio 商家 B1F 121 号
- **电话** +82-2335-7470
- **时间** 11:00~22:00
- **交通** 地铁 2 号线弘大站 9 号出口

Thanks Nature Café 羊咩咩咖啡馆

陈玉华一只鸡

很多人带小朋友来到首尔，都怕太重口味的食物没办法给孩子吃，但还是有许多美食名店很适合小朋友口味，其中以观光客最爱的陈玉华一只鸡深受大家的推崇，很多人吃过以后都忘不了这好味道。

从1978年开业之后，陈玉华一只鸡已经历经了三十多年的岁月，到现在的人气还是只增不减，最主要原因是店家一直秉持着品质至上，除了严选出生后35日的嫩鸡，利用高汤炖煮的方式，煮出风味极佳的嫩鸡肉，品尝原汁原味的汤头之后，还能再加入道地的辣白菜，一锅多吃的方法让人的味蕾享受到不同惊喜。最后记得要点上一份面条，来碗辣汤头精华的鲜汤面，让整个胃都暖乎乎的，心也跟着满足。即使是吃过很多次的朋友，每次来到首尔，逛完东大门依旧会来这里，这样的超人气名店很值得来试试！

- 地址 首尔钟路区钟路5街265-22
- 电话 +82-2-2275-9666
- 网址 www.darkhanmari.co.kr
- 时间 10:30～01:00
  （春节、中秋节前一日和当日公休）
- 交通 地铁1、4号线东大门站9号出口，进入IBK银行旁的巷子后，位于右侧位置。

Chapter 4 首尔乐园亲子行 美食分享

亲子血拼胜地

南大门童装批发市场

一般的观光客来到首尔大多会去东大门商圈血拼，其实首尔真正最古老的传统市场商圈，是已经超过600年历史的南大门市场。整个市场聚集了一万多家店铺，超过一千种不同的服饰、厨房家电用品、日常用品、民俗工艺品、纪念品等商品，种类多到让人眼花缭乱。

另外，在南大门市场也吃得到许多传统市场里的美食小吃，是首尔人生活不可或缺的一个传统大市场，来到这也能体验到韩国最真实的文化。而南大门市场里有许多童装服饰的批发商家，由于价格低廉，因此成为许多妈妈们必访的重点血拼行程之一。

- **地址** 首尔中区南大门市场4街21
- **电话** +82-2753-2805
- **网址** www.namdaemunmarket.co.kr
- **时间** 06:00～18:30，部分店家公休日为每周日（春节、中秋等连假也都会休息）
- **交通** 地铁4号线会贤站5号出口

Tips

许多批发店家都必须购买两件以上才给予批发价，有些则是愿意直接给予零售购买价格，且大多是现金交易不接受刷卡，所以建议大家可以在一家店铺直接购买多件再与店家议价为佳。

金浦 Lotte Mall 乐天商城

Tips

若将这里视为血拼的终点站，在购买含有液体类的商品时，记得办理退税后，放入行李箱托运。另在购物中心也有提供现场退税的店家，可以直接扣除退税金额，有些则是需凭票券到机场办理退税，乐天超市也可以办理退税，所以建议大家将伴手礼在这一次购齐又可享免税优惠。

- **地址** 首尔江西区天路 38
- **电话** +82-2-6116-4000
- **网址** gimpoairport.lottemall.co.kr
- **时间** 乐天百货 10:30～20:00
  购物中心 10:30～22:00
  乐天超市 10:00～24:00
- **交通** 地铁 5、9 号线和机场线到金浦机场站 3 号出口

Chapter 4 首尔乐园亲子行 — 亲子血拼胜地

很多人会把金浦机场的乐天商城当成是抵达首尔的血拼第一站，或者是回程顺路补齐战利品的最后一站，因为从首尔市区搭乘地铁至金浦机场大约只需要 30 分钟，而在这个路程中，就会经过乐天商场，它是特别为了金浦机场而设立的。

这个大型综合购物中心紧邻着金浦国际机场，里头有百货、超市、电影院，还有各种设施，最初的设计是以与自然共构空间为设计概念，所以在购物商城的周边还特别设立了生态公园。而这个购物商城共有地上六层，地下二层，分别与购物中心及超市相互连接，并区分为销售食品、女装、男装、童装等商品。

🌷 Winnie 的私房景点

Dalki 草莓妹主题乐园

- 📍 **地址** 首尔永登浦区永登浦洞 4 街 442 号 时代广场地下 2 楼
- 📞 **电话** +82-2-2638-2615
- 🌐 **网址** www.timessquare.co.kr（永登浦时代广场）
- 🕐 **时间** 10:30～22:00
- 🚇 **交通** 1 号线永登浦站地下通道相连，或永登浦站 6 号出口，步行 5 分钟
- 💲 **价格** 成人入场费 3,000 韩元，儿童（1～13 岁）入场费 15,000 韩元（5 岁以下儿童需有保护人陪伴入场），未满 12 个月以下婴幼儿免费入场。

　　Dalki 草莓妹是一个韩国的卡通品牌人物，在永登浦时代广场还有一个专属的 Dalki 草莓妹主题乐园，很适合带着小朋友共游。不过，因为地点距离市中心的车程比较远，所以若是行程时间比较紧的朋友，建议大家到永登浦站的时代广场地下 2 楼，Dalki 草莓妹主题乐园是个专为小朋友打造的游乐区，可以让小朋友尽情玩各项体能设施及玩具，或是享受阅读的乐趣，比较像是大型游乐区的亲子餐厅，还可以让爸妈其中一人去购物血拼，另一人留在这里顾小孩，是个不错的安排。

亲子记忆保鲜盒

来到韩国当地，少不了的自然就是可以买到相关的卡通人物商品及玩具。让孩子挑选自己喜爱的角色商品，带回家做纪念，以后看到这些东西时，也会想起在韩国旅行的美好回忆。

Chapter 4 首尔乐园亲子行

亲子记忆保鲜盒

当红的卡通明星商品

▲ LINE Store 专卖店

85

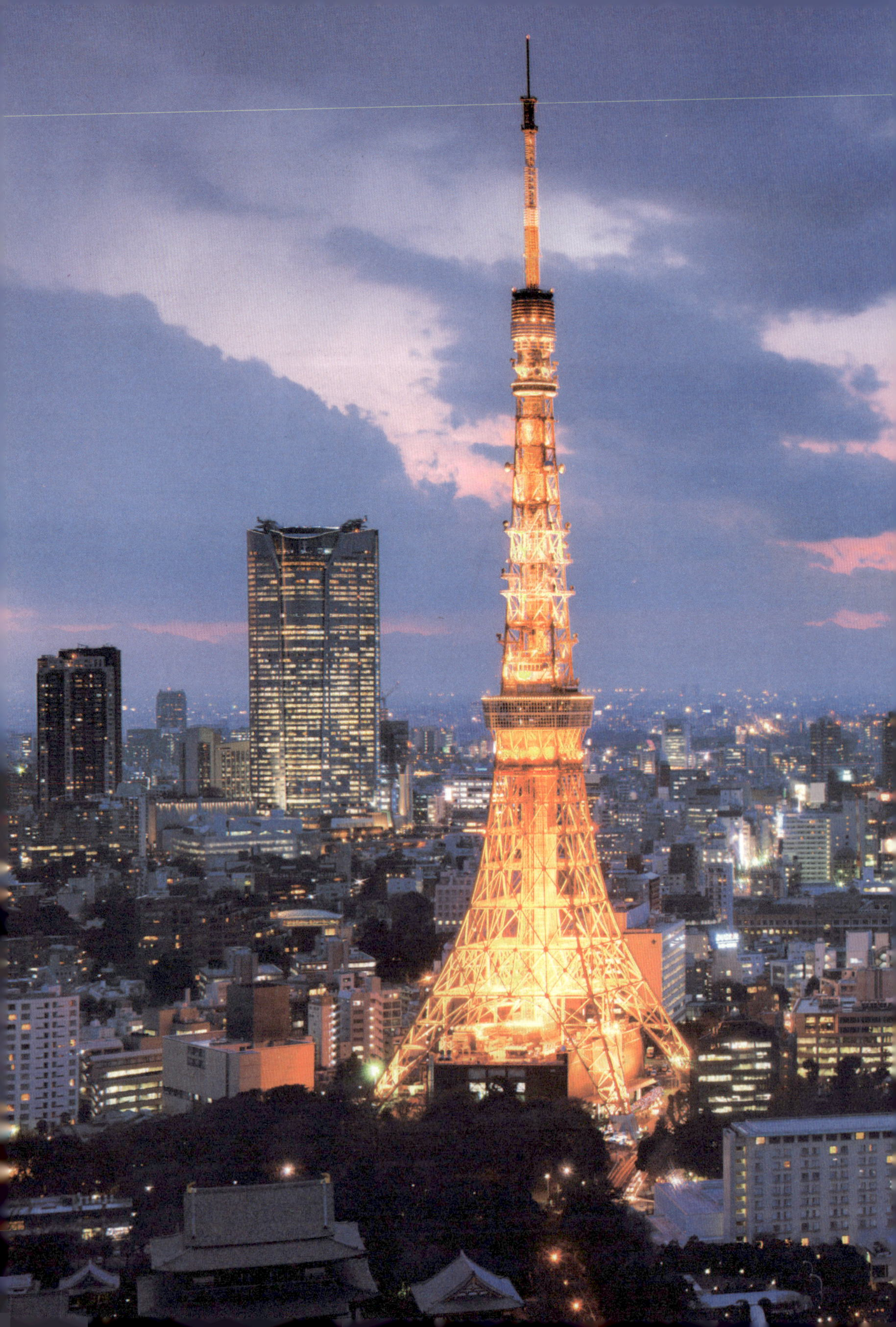

Chapter 5

东京迪士尼双乐园

爸妈上手度 ♥♥♥♥♡
语言沟通度 ★★★☆☆
交通便利性 ♥♥♥♥♡

📍 行程推荐

五天四夜行程推荐

Day 1 
东京成田或羽田机场
→ 新宿高岛屋买门票
→ 东京铁塔看夜景

Day 2 
东京迪士尼乐园

Day 3 
东京迪士尼海洋乐园

Day 4 
雷门 → 浅草寺
→ 晴空塔
→ 阿卡将采买

Day 5 
东京车站 → 东京一番街造访

Winnie 的旅游攻略 → 很多人订票时都会有这样的想法，觉得订往返机票最便宜，其实这个规则并不适用在廉价航空，廉价航空有时拆开来买，来回航段买不同家，反而会比较便宜，而且班机时间较有弹性，提供大家参考。

四天三夜行程推荐

Day 1 东京成田或羽田机场 → 新宿车站逛街

Day 2 东京迪士尼海洋乐园

Day 3 雷门 → 浅草寺 → 晴空塔 → 阿卡将采买

Day 4 台场 → 东京铁塔

Chapter 5 东京迪士尼双乐园 行程推荐

Winnie 的旅游攻略 → 多数人前往东京常会安排五天以上的行程，因为出入关往往就要花费半天时间，再加上搭乘交通工具进东京市区也很耗时，要玩到尽兴，建议选择传统航空早去晚回的班机。至于饭店部分，就要集中在市区邻近地铁站附近，可以省下不少搭车的时间及体力。

Tips
在东京迪士尼即使是安排一整天的行程都在这玩乐，要一天全体验完也是不可能的。唯一能做的就是早点抵达迪士尼开始一日游园之旅，建议大家把迪士尼行程排在旅程第二天之后，而且要避开假日以免遇到人山人海的情形。

交通票券购票篇

很多人一看到东京的地铁图，就会被吓一大跳，密密麻麻的地铁是关东地区的人们每天最常使用的交通工具，也因为这个密集的地铁贯穿所有东京景点，所以搭乘地铁会是在东京旅游最便捷的代步工具。

虽然看起来复杂，但是抓到几条主要的地铁线，就可以发现在关东"走跳"搭地铁的规则并不难懂，例如：JR 山手线是以环状方式绕行大车站，都营线和不同家的地铁公司都有互通，可以互相搭乘。

新手可能会对于该在哪里换车换线、车票该如何购买、能运用什么优惠的票券，会有比较多的问号和困扰。在日本搭车最大的好处就是车次都非常准时，只要在事前做好功课，算准时间搭上对的车，就能顺利抵达目的地。日本也有不少地铁 APP，会帮大家算出最精简的路线和费用，这个也有很大的帮助。

在交通付费上，建议大家一定要买一张 Suica（西瓜卡），它可以通行在整个关东地区（目前也开放关西地区使用）。

购买 Suica 一张的费用是 1,000 日元起（可用金额会扣除押金 500 日元），儿童 Suica 需至绿色窗口服务柜台购买（需出示护照），限定 12 岁以下的小孩使用。一张 Suica 有 10 年的有效期，建议大家可以留着，日后再访日本时，也可以直接充值使用，或者是留作纪念都不错。如果需要退卡，则会将卡内可用金额扣除 220 日元的手续费，押金 500 日元也会一并退费。

🎫 旅游票券购票篇

要前往东京迪士尼，买门票是相当重要的功课，除了要提前选对日期购买之外，得先衡量一下大家的行程安排是否顺路及行程紧凑程度，是否有机会抽空在日本当地购买。不建议抵达迪士尼乐园才买，因为可能无法入园之外，还得花上太多时间排队。接下来针对购买迪士尼门票的地点提供一些建议：

专售旅游票的大黑屋

大黑屋是日本知名的折价售票店，可以在这买到东京迪士尼的门票，但不是每间店都有卖，且出售的门票无入园保证（如果园内人数超过限制就无法入场）。建议还是购买可保证入园的门票比较保险。

随时可购票的全家便利商店

在日本，便利商店购票也是许多日本人的生活习惯。在全家的 FamiPort 上可以直接购买东京迪士尼门票，除了可以选择乐园种类（东京迪士尼或是海洋迪士尼），还能选择两日券、三日券及前往的日期等，只要选好、打印缴费票券至柜台付款，即可取得不用兑换即可入场的门票，门票是以感应纸打印，一样是有快速通关票的功能。

景点介绍

▼ 东京迪士尼圣诞游行（圣诞节限定）

东京迪士尼乐园

- **地址** 千叶县浦安市舞滨 1-1
- **电话** ＋81-4-5330-5211
- **网址** www.tokyodisneyresort.jp/tc/
- **时间** 08:00～22:00（根据季节或特别活动举办而有所变更）
- **交通** 官网上有详细介绍各种电车路线、搭乘时刻表及换车资讯。基本上，只要是搭乘电车抵达舞滨站，再从舞滨站步行即至迪士尼园区。
- **价格** 一日票：全票（满 18 岁以上）7,400 日元；学生票（12～17 岁）6,400 日元；儿童票（4～11 岁）4,800 日元
两日票：全票（满 18 岁以上）13,200 日元；学生票（12～17 岁）11,600 日元；儿童票（4～11 岁）8,600 日元
- **育婴室** 东京迪士尼乐园的婴幼儿室共有两处，包括世界市集及明日乐园之间，以及卡通城内。这里除了提供有哺乳室、热水及喂食的餐椅之外，也另行提供微波炉，方便父母微波热食给婴幼儿。

东京迪士尼双乐园

景点介绍

邻近东京都旁的千叶县东京迪士尼度假园区，是去日本旅行时游客列为必造访的景点之一。它是华特迪士尼公司在亚洲创办的第一个主题乐园，于1983年开幕迄今，每年的造访人数依旧日久不衰。

园区内共有七个主题区域，包括以拓荒为主题的"探险乐园"、科幻主题的"明日乐园"、美式风格的"西部乐园"、小动物风貌的"动物天地"、著名童话的"梦幻乐园"、米奇与伙伴居住的城市"卡通城"及缤纷商店街的"世界市集"。一年四季都搭配各种节庆的专属大型巡游表演、庆祝活动，而且也会不定期新增园区的新设施，难怪大人小孩总是去不腻，是日本游乐园里重复游玩率最高的乐园。

建议游玩时间： 1 天。

必游原因

日本东京迪士尼乐园距离东京都市区只需 45 分钟的车程，比起东京迪士尼海洋乐园，这里的游乐设施更适合年龄层较小的幼童，看到最熟悉的卡通城里的伙伴，能带给他们更多的回忆及共鸣。

Tips

前往东京迪士尼，最怕的就是要花上许多时间排队玩游乐设游，选对日期游玩东京迪士尼乐园绝对是必要的准备工作之一，包括事前先订购门票（避免排队买或换票的时间），另外就是尽量避开重大节日及周末的时间，其实每周二至周四是人流较少的日期，也要留意是否有维修通知。

东京迪士尼海洋乐园

东京迪士尼海洋乐园和迪士尼乐园都是隶属于东京迪士尼度假区的主题乐园，两个乐园相邻。东京迪士尼海洋乐园是在 2001 年才开幕，乐园主题环绕在"海洋冒险"。

海洋乐园里一样有七个主题园区，都是以海港区分，包括以南欧海港小镇的"地中海港湾"、20 世纪初期纽约风格的"美国海滨"、未来都市主题的"发现港"、与印第安纳琼斯一起冒险的"失落河三角洲"、有小美人鱼出没的"美人鱼礁湖"、充满着中东风格的"阿拉伯海岸"及火山造型的"神祕岛"，与东京迪士尼乐园不同的是，这里的客层以成年人为主，所以游乐设施的刺激度也比较高一些，但也有适合小朋友的区域，如美人鱼礁湖适合带年幼的孩子探索，其海底世界主题造景区，里面有着令人目不转睛的视觉表演，绝对让人印象深刻。

建议游玩时间：1 天。

> 必游原因

大家应该都听过近年来很红的 Duffy 熊，但你们知道它是从东京迪士尼海洋乐园一夕爆红的吗？很多人因此慕名而来，横扫 Duffy 熊的周边商品。而相当讨喜的 Duffy 熊后来陆续有了新朋友 Shellie May 熊和 Gelatoni 猫，现在也都是东京迪士尼海洋乐园的当红人物。来到这里千万不能错过它们的周边商品，或是与它们合影才不虚此行。目前有关 Duffy 熊的商品，已在部分迪士尼乐园可购买到，但以商品种类来说，还是东京迪士尼海洋乐园里居多。

Tips

在迪士尼乐园里用餐，最怕用餐时间找不到地方吃饭，其实可以用官网线上预约餐厅的服务。或者到美国海滨区的"鳕鱼岬锦标美食"餐厅，可以一边看 Duffy 的表演秀一边用餐，整整 1 小时的用餐时间，都能欣赏可爱的 Duffy 为大家带来的精彩表演。

- 📍 **地址** 千叶县浦安市舞滨 1-1
- 📞 **电话** ＋81-4-5330-5211
- 🌐 **网址** www.tokyodisneyresort.jp/tc
- 🕐 **时间** 08:00～22:00（根据季节或特别活动举办而有所变更）
- 🚇 **交通** 电车抵达舞滨站后，需转搭单轨列车才能抵达迪士尼海洋乐园
- 💲 **价格** 一日票：全票（满 18 岁以上）7,400 日元；学生票（12～17 岁）6,400 日元；儿童票（4～11 岁）4,800 日元
  两日票：全票（满 18 岁以上）13,200 日元；学生票（12～17 岁）11,600 日元；儿童票（4～11 岁）8,600 日元
- 👶 **育婴室** 在东京迪士尼海洋乐园里，育婴室设在地中海港湾区里，有提供尿布更换台、喂餐椅、热水及微波炉，另一处设置在美国海滨港岸公园旁的洗手间，内有哺乳室。

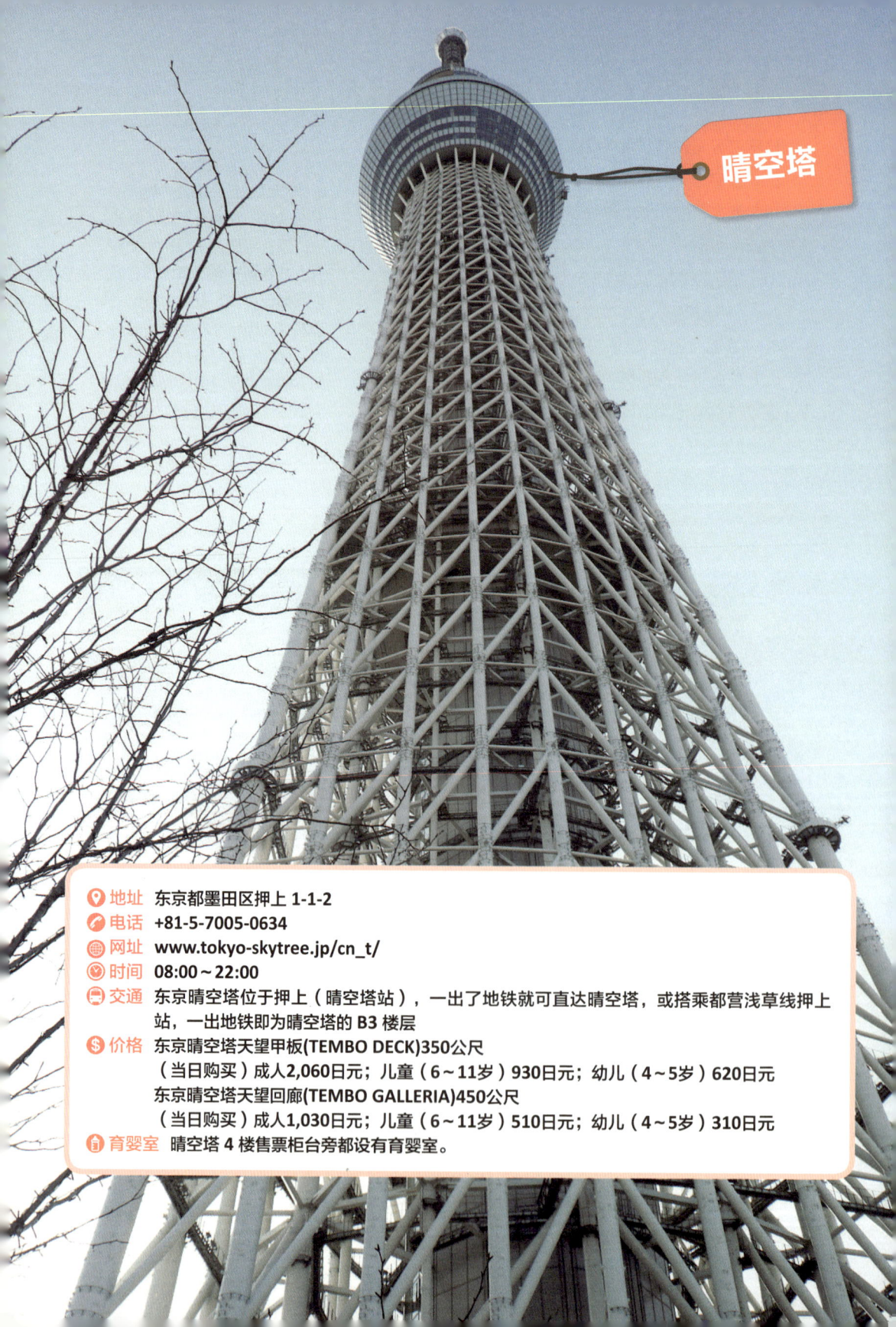

晴空塔

- 📍 **地址** 东京都墨田区押上 1-1-2
- 📞 **电话** +81-5-7005-0634
- 🌐 **网址** www.tokyo-skytree.jp/cn_t/
- 🕐 **时间** 08:00～22:00
- 🚌 **交通** 东京晴空塔位于押上（晴空塔站），一出了地铁就可直达晴空塔，或搭乘都营浅草线押上站，一出地铁即为晴空塔的 B3 楼层
- 💲 **价格** 东京晴空塔天望甲板(TEMBO DECK)350公尺
  （当日购买）成人 2,060日元；儿童（6～11岁）930日元；幼儿（4～5岁）620日元
  东京晴空塔天望回廊(TEMBO GALLERIA)450公尺
  （当日购买）成人 1,030日元；儿童（6～11岁）510日元；幼儿（4～5岁）310日元
- 🍼 **育婴室** 晴空塔 4 楼售票柜台旁都设有育婴室。

东京的晴空塔（Tokyo Skytree）又称为东京天空树、新东京铁塔，它是日本东京都墨田区的一座电波塔，2011年时曾获得金氏世界纪录认证为"世界第一高塔"，但目前已被迪拜的哈利法塔超越，但仍是日本的第一高塔。

晴空塔塔高634米，并在350米及450米处设置了两个展望台，分别为天望甲板及天望回廊，都配有360度的观景窗，可以让游客仿佛漫步在空中，眺望整个关东地区，天气晴朗时甚至能看到远处的富士山。晴空塔本身是以白色为设计主轴，再配合塔身的灯光变换，让晴空塔发出动人的光芒。在特别节日时，会像东京铁塔一样闪耀着不同色彩，让人永远对这座东京新地标的高塔充满着期待感。

建议游玩时间： 3小时

必游原因

自2012年开幕后，晴空塔取代了东京铁塔成了各国游客必去的景点，由于其视野高度可以欣赏到整个繁荣的东京美景，附设的百货商场也出售各式各样晴空塔限定商品，也变成了另类的观光重点。不论是什么类型的产品，只要印上了晴空塔的形状，总是让人想把它们全部都买回家。

▼ 晴空塔公仔娃娃

Tips

晴空塔450米的天望回廊只出售当日票，不能预先在网上订购，350米的天望甲板则是可以网上预约（但只有日文的网站订票系统，并且以信用卡支付，不能取消及变更场次），建议大家在非假日的时候前往，避开周末的人潮。其实当日购票的排队时间大约1小时之内，可以避免万一天气不好，想临时取消票券时等问题。

Chapter 5 东京迪士尼双乐园

景点介绍

97

东京铁塔

- 📍 **地址** 东京都港区芝公园 4-2-8
- 📞 **电话** +81-3-3433-5111
- 🌐 **网址** www.tokyotower.co.jp
- 🕐 **时间** 大瞭望台（150米）09:00～23:00（最后入场时间为 22:30）
  * 特别瞭望台因更新工程，暂停营业
- 🚇 **交通** 搭乘都营大江户线赤羽桥站的赤羽桥出口；都营三田线御成门站的 A1 号出口；东京 Metro 日比谷线神谷町站的 2 号出口；都营浅草线大门站的 A6 号出口，再往东京铁塔步行即可抵达。
- 💲 **价格** 大瞭望台 150 米成人（高中生以上）900 日元；儿童（小学、初中生）500 日元；幼儿（4岁以上）400 日元
- 🍼 **育婴室** 1楼有简易型的哺乳室，仅提供简易的椅子及空间，另还有尿布台。

位于芝公园附近的东京铁塔是许多日剧或电影里的经典场景，即使众人焦点开始转向晴空塔，但在日本人的心中，它永远都是东京地标。

最初设立东京铁塔的目的也是发射电波为主的发射塔，现在则是结合了观光及购物功能，游客除了可以登上塔高150米的展望台俯瞰东京市容之外，塔内也有许多餐厅或者是纪念品商店。

东京铁塔最明显的代表色为红色，在蓝天的陪衬下非常醒目，近年来为了美化市容，东京铁塔也开始随着季节和节庆变化不同的灯光颜色，唯一不变的大概就是东京铁塔那段属于大家记忆里的爱情故事吧。

建议游玩时间： 2 小时

必游原因

除了回忆爱情故事之外，东京铁塔还有一间让动漫迷向往的大型主题乐园，即2015年新开幕的东京铁塔海贼王主题乐园，喜欢海贼王的朋友一定不要错过这间东京铁塔内的主题乐园，里头除了可以体验游乐设施、观赏表演，还能享用海贼王的限定美食套餐、购买限定周边商品。

Tips

虽然东京铁塔观景台是开放到晚上11点，但实际熄灯时间原则上为午夜12点，但由于夜间工程的缘故，不定期会恢复点灯直到天明。虽然以前的传说是要情侣两人一起看见熄灯瞬间，就能获得幸福，但现在能在午夜之后看见耀眼迷人的东京铁塔，也是另一种幸福吧！

Chapter 5 东京迪士尼双乐园

景点介绍

美食分享

天空 LOUNGE TOP of TREE

- 地址 东京都墨田区押上 1-1-2（Solamachi 商场 31 楼）
- 电话 +81-3-5809-7377
- 网址 www.top-of-tree.jp
- 时间 11:00～23:00

　　从离地 150 米的高度去欣赏晴空塔，眼前的晴空塔仿佛伸手可及，同时又能欣赏到隅田川的街景。

　　餐点部分，午餐 2,500 日元（2 人）、晚餐 4,500 日元（2 人），可以享有主食、甜品、饮料及绝世的美景。重点是内部空间感和气氛很好，很适合安排在下午逛街累的时候，有个安静的地方让小朋友午睡，妈妈又能悠闲地喝下午茶，很是不错。

苹果树蛋包饭在日本是小有名气的连锁餐饮店，店面遍布在日本各个县市，适合一家大小用餐，部分店里设有亲子游戏室，餐点亦有提供专属的儿童套餐，包含蛋包饭、饮料、甜点的组合很超值，至于成人套餐，则可以依食量的大小来选择饭量的不同，口味上也会不定时推出新口味蛋包饭，吃过的人评价也都不错，而且还被网友列入日本必吃的美食餐厅之一呢！

- 地址　东京都港检台场 1-7-1 AQUA CITY 台场 5 楼
- 电话　+81-3-3599-5510
- 网址　www.pomunoki.com/pomunoki
- 时间　11:00～23:00

ポムの樹（苹果树蛋包饭）

Chapter 5　东京迪士尼双乐园　美食分享

亲子血拼胜地

Tokyo Solamachi 商场

Tokyo Solamachi 商场是晴空塔下面一家与 3D 天象馆、水族馆相连着的大型购物中心,里面除了可购买到许多晴空塔限定的产品之外,更有超过 300 家以上的店铺可以让大家尽情地血拼。1~4 楼以店铺为主,其中还包括了日本 优衣库(UNIQLO)最大店铺、全长 120 米的江户时代商店街的主题风格店铺,5 楼有适合亲子同游的水族馆,6 楼以上则是以景观餐厅为主。

在 Tokyo Solamachi 商场中,有几个必逛的专卖店,包括面包超人童装专卖店、Rilakkuma 拉拉熊专卖店、东京ばな奈ツリ晴空塔店的限定口味蛋糕、Hello Kitty Japan 纪念品专卖店、Disney 专卖店及 Mister donut 甜甜圈专卖店等。在 3 楼设有平价的美食广场,提供了日式、西式及中式的餐点,让大家逛累了可以补充热量再继续血拼。

地址	东京都墨田区押上 1-1-2
电话	+81-5-7055-0102
网址	www.tokyo-solamachi.jp
时间	全馆 10:00~21:00 （但 6~7 楼与 30~31 楼的餐厅区为 11:00~23:00）
交通	东武晴空塔线直达东京晴空塔站，东武晴空塔线、半藏门线、京成线、都营浅草线直达押上站。

Tips

建议可以在中午时间抵达 Tokyo Solamachi 商场吃个中餐或下午茶，然后逛到傍晚时再登上晴空塔，看夕阳日落及夜幕初登的两种风景，最后再趁着商场关门前买齐所有的伴手礼，就可以满载而归了。

推荐下手小物，除了各家所推出的晴空塔各式特色伴手礼之外，还有东京ばな奈的香蕉蛋糕限定口味，还有别忘了在这里一定要带回星巴克晴空塔版的纪念杯或者是随行卡（限日本地区使用，但当时买可以立即随即换饮料消费，把卡片留下来当纪念吧。）

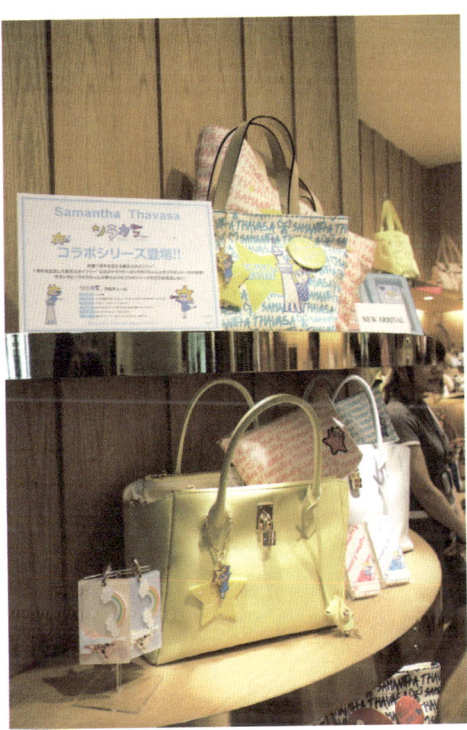

Akachan（阿卡将）是日本最大的婴幼儿用品连锁专卖店，只要是当妈妈的，应该都听过这个在日本极具历史的亲子品牌。它主要提供了婴幼儿的用品、食品、玩具、服装及幼教产品，还有孕妇的用品，真的可以说是应有尽有，是许多妈妈的购物天堂，也是必逛的店家之一，光是在东京就有 11 个据点，还不包括其他日本各地的分店。它们有提供便利的网络购物服务，可以将预订的商品直接寄送到指定的日本地址（必须具有会员资格，会员可线上申请即可终身免年费）。

- 地址　东京都墨田区锦系 2-2-1　アルカキット 锦系町 5 楼
- 电话　+81-3-3829-5381
- 网址　www.akachan.jp
- 时间　10:00～21:00
- 交通　JR 锦系町站北口步行 1 分钟

Akachan 阿卡将本铺

Tips

每家阿卡将所出售的商品会略有不同，加上每家店会推出不同的折扣优惠，建议大家可以行前先上网查询要购买的产品价格和是否有出售，届时到了现场，再依图片或相关资讯请服务人员帮忙，或是运用网络线上订购。

依照不同的年纪，适合小朋友的用品或食品内容略有不同，到目前为止，我个人购买过的商品介绍如下，给大家参考：实用性的包括 EDISON 日本制儿童餐具（米奇米妮款）、宝特瓶专用吸管头（米奇款）、各式防蚊贴片、背巾、电动牙刷、牙膏、洁牙用品、妈妈包等；玩具类可购买日本品牌，例如，面包超人、多美小汽车，折扣及优惠较多。

🌷 Winnie 的私房景点

📍 地址	东京都千代田区丸之内 2-7-2
📞 电话	+81-3-3216-2811（KITTE 商场）
🌐 网址	jptower-kitte.jp
🕐 时间	商品贩卖 11:00～21:00（周日、国定假日 11:00～20:00） 餐饮 11:00～23:00（周日、国定假日 11:00～22:00）
🚇 交通	JR 东京站、丸之内线东京站步行约 1 分钟

东京车站 & KITTE 商场

2013 年在 JR 东京站丸之内南口新开幕了一家"KITTE"购物商场，保留了日本邮局（也就是东京旧中央邮局大楼）的一部分，重修后进驻 98 家店铺，成了东京车站旁的商场购物地标。

"KITTE"是取自于"邮票（Kitte）"和"来（Kite）"的日文发音。

在大厅 1 楼，也就是东京中央邮局，出售许多东京车站及邮便局的限定商品，而在其他的楼层，则是拥有各式不同主题及风格的品牌设计店家。挑高的内部设计是由知名的建筑大师隈研吾所操刀，利用光与线的搭配，在白天与晚上能展现出不同的风情。

Tips

具有历史意义的百年东京车站，当然要去亲眼目睹其岁月风采。东京车站下的一番街商圈，聚集了超过 20 家卡通主题专卖店，每个人走在这条街上，都会被两旁可爱的公仔或商品给吸引住，但是假日人潮比较多一点，建议若是带着小朋友同行，要留意一下安全。

1 楼东京中央邮局推出很多东京车站限定商品系列，其中还包含了现在很热门的纸胶带，也可以买到东京限定的各款明信片，写完后可以购买邮票寄给亲朋好友，也是非常有纪念价值的。

亲子记忆保鲜盒

在东京迪士尼里，除了玩具之外，还有什么是可以让小朋友挑选并亲自完成的纪念品呢？其实有一个性价比较高的东西叫"纪念币"，每一个只需要100日元，即可做出很多限定的迪士尼经典人物纪念币。在日本迪士尼乐园及海洋乐园都各设有多部纪念币机，可以带着小朋友一同完成并收集一套纪念币，也将是个非常有纪念价值又可以收藏的商品。

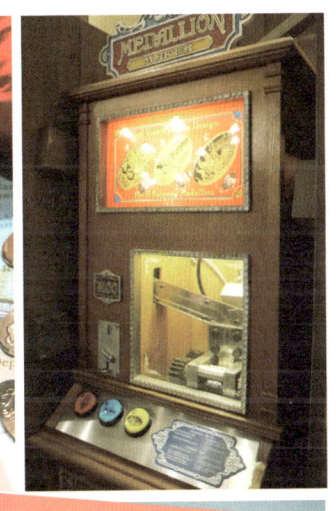

迪士尼纪念币收藏

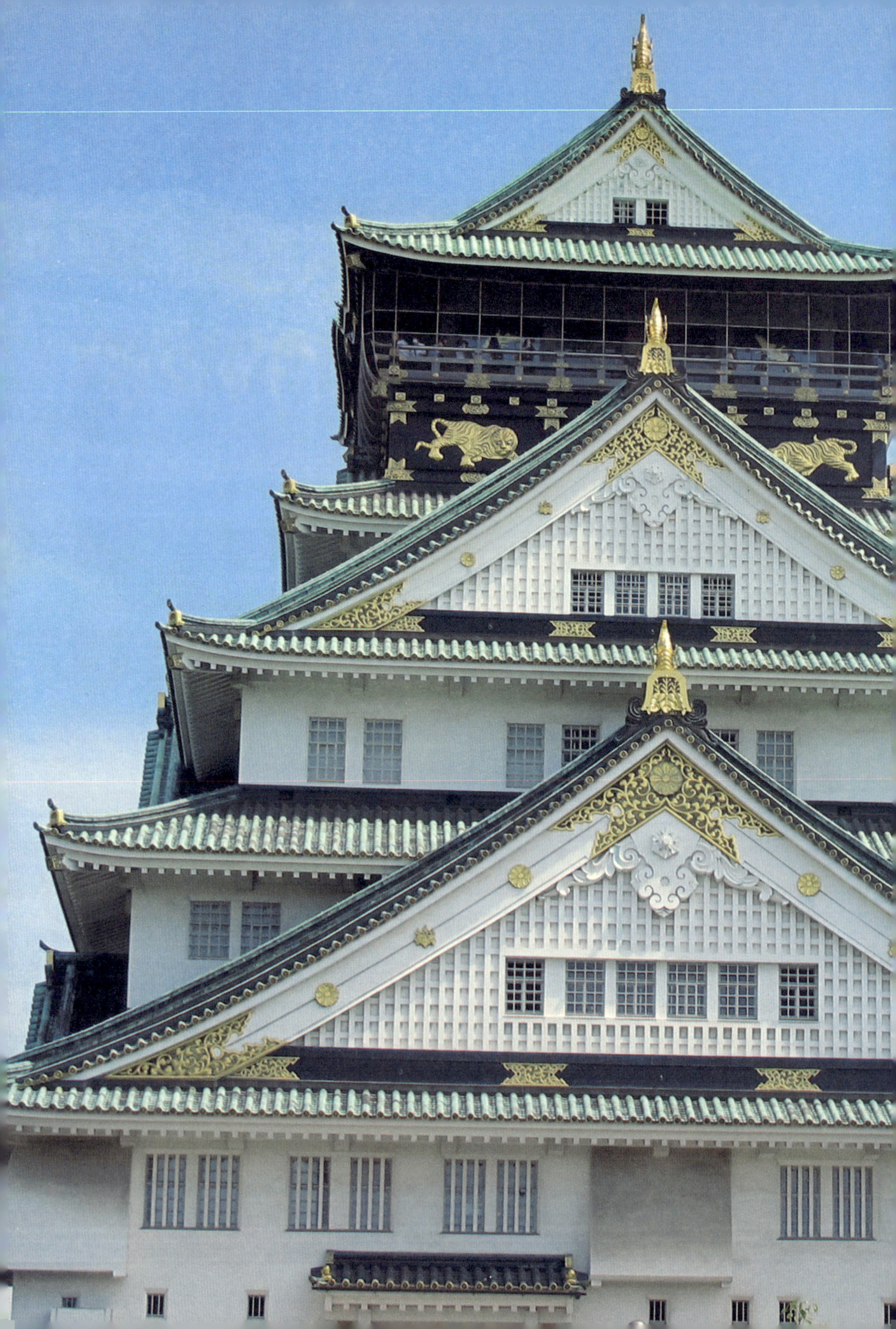

Chapter 6

大阪魅力新体验

爸妈上手度 ♥♥♥♥♥
语言沟通度 ★★★
交通便利性 ⌒⌒⌒⌒⌒

📍 行程推荐

五天四夜 行程推荐

Day 1
大阪关西国际机场
→ 南海电铁
→ EXPOCITY 购物商城
→ 心斋桥

Day 2
日本环球影城
→ 哈利波特魔法世界
→ 章鱼烧博物馆
→ 道顿堀游船

Day 3
海游馆
→ 天保山 Market Place
→ 圣母玛利亚号
→ 天保山大摩天轮

Day 4
天王寺动物园 → 阪堺电车
→ 阿倍野展望台 HARUKAS 300

Day 5
通天阁
→ 临空城 Outlet
→ 大阪关西国际机场

Winnie 的旅游攻略 → 第一次选择带小朋友到日本大阪的爸爸妈妈倒是比去东京的多了几成，原因是关西的步调比起关东更让人觉得舒适一些，所以在旅游旺季的时候，飞往大阪的传统航空机位常常一位难求。不过，在有了经济考虑的廉价航空新选择后，机票费用比起传统航空来说，大阪自由行的费用价格都可以压低不少，只不过大阪开始施行了"宿泊税"的制度，现在到大阪玩就多了一些费用。如果是选择传统航空的机票加饭店配套专案活动，也许在精挑细选下，可以选到还不错的搭配。

Tips

除了费用的考虑之外，班机时间及廉价航空的风险也需一并评估在内。第一次带小朋友出国的爸妈，建议搭乘传统航空，尤其是在宝贝需要婴儿挂篮或热水相关的需求服务时。有些廉价航空是无法机边托运推车，在挂行李时就强制需将推车一并以行李方式托运。

四天三夜 行程推荐

Day 1
大阪关西国际机场
→ 南海电铁
→ EXPOCITY 购物商城
→ 心斋桥

Day 2
日本环球影城 → 哈利波特魔法世界
→ 章鱼烧博物馆 → 道顿堀游船

Day 3
海游馆 → 天保山 Market Place
→ 圣母玛利亚号 → 天保山大摩天轮

Day 4
阿倍野展望台 HARUKAS 300
→ 临空城 Outlet
→ 大阪关西国际机场

Tips

与迪士尼乐园相比，环球影城比较适合大一点的孩子去玩，但2017年全新开幕式界最大型的"小小兵乐园"，在小小兵的热潮中，有许多爸妈舍弃迪士尼乐园，选择带着小宝贝造访环球影城。而饭店业者看到这股商机，跟着推出了"小小兵"的主题房型，抢攻亲子旅游的市场。

Winnie 的旅游攻略 → 一般到关西旅游的天数会比到关东的天数还要多，大部分的人会连同周围的县市一同安排行程，因为使用关西周游券可以前往很多地方，所以会把行程都安排在大阪市区的人就比较少，但一切都在于大家的需求。以环球影城为主，安排四天的主题乐园行程也很适合亲子，建议大家选择住在环球影城附近的饭店，可以一早就畅游环球影城，避免晚到而需要排队入园的痛苦。

交通票券购票篇

很多人都会拿关西和关东的地铁图来相比，以前在关东旅游时，觉得东京的地铁复杂程度已经算是大魔王等级的了，没想到去关西旅游时，才发现东京地铁只能算是基本款。

在大阪，除了地铁之外还有私铁的错综相连，而大家都想要用最便宜又省时的交通方式，省下一笔费用，所以在选择关西交通票券的种类上就让人相当头痛。

以游玩区域来区分，建议活动范围限定在大阪市区内的人，直接选择"大阪周游券一日或二日券"；若是想跨县市游玩京阪神的人，可以选择"KTP 关西周游券二日或三日券"；另外也推荐 ICOCA & HARUKA 套票，这是针对外国旅客所出售的经济型快速往返关西机场、京都及大阪等重点车站车票，还有关西的综合版交通票券。

每款旅游套票都有不同的限制，看大家要前往的旅游景点需求，选择适当的交通票券，才能让行程上玩起来更加得心应手，也能多省下一些交通费用。

然后在关西旅游，就要了解 ICOCA 交通卡，和关东所使用的 Suica 一样都是用来乘坐地铁及小额支付购物的综合型消费交通卡，以前仅限于关西使用，目前已跟 Suica 一样可与关东相通，也能使用 ICOCA 去关东乘坐地铁。当然由于地区关系，有些县市的巴士可能无法通用，但 ICOCA 在关西已经算是相当的好用，而且先前与 HARUKA 所推行的 ICOCA & HARUKA 套票，其中的 ICOCA 还是限定的 Hello Kitty 款式。

如果只需要购买 ICOCA，则是在 JR 车站柜台或是电铁出售机上标有 ICOCA 标志的购票即可，一张卡的费用是 1,000 日元起（可用金额会扣除押金 500 日元），儿童 ICOCA 需至绿色窗口服务柜台购买（需出示护照），限定 6～12 岁的儿童使用。但这张交通卡可能会与大阪周游券及关西周游券的交通优惠有些许重叠，所以记得排好行程后，再精算以哪种为主要在关西旅游的交通票券。

ICOCA 的使用期限和 Suica 一样为十年，可退还或者是保留下来继续使用，建议大家可以留着，日后再来日本时，可以直接充值使用，或者是留作纪念都不错。如果需要退卡，则会将卡内可用金额扣除 220 日元的手续费，押金 500 日元也会一并退费。

大阪周游券一日或两日券

大阪周游券也称大阪周游卡，分成一日券 2,500 日元和两日券 3,300 日元（连续两日使用）。与大阪地铁一日券及二日券不同，简单来说，大阪周游券是为外国游客设计的，想要在大阪观光景点及在大阪市中心到处游览的话，这张就相当好用，在期限内可以无限次搭乘大阪市地铁、电车、巴士及部分私铁。

带小朋友去海游馆时，建议搭配使用大阪周游券一日券，还可以享有免费入场周边景点，包括天保山大摩天轮及观光船圣玛丽亚号，相当划算呢！

购买时，除了会拿到一张大阪周游券之外，还会有一份使用手册（旅游指南），上面会标示出免费景点、使用的交通范围及相关优惠资讯。要留意的是，这张卡并没有儿童票，6 岁以上也是统一票价。

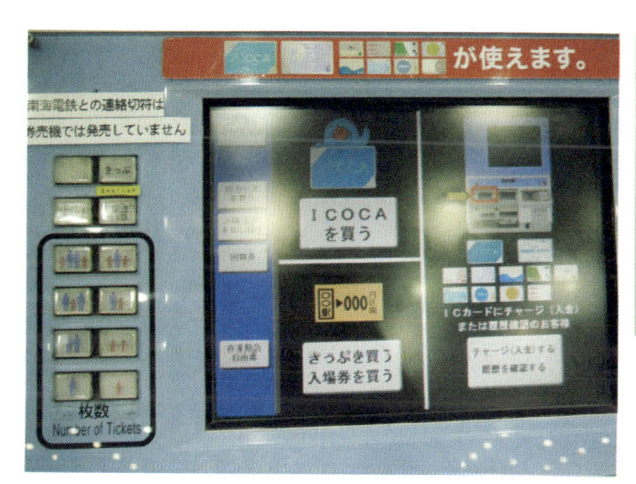

KTP 关西周游券两日或三日券

KTP 关西周游券与大阪周游券最大的不同是，使用上限定于交通搭乘，而没有其余景点、活动方面的优惠，但在交通上，使用范围更广，除了包括关西一带的地铁、私铁及巴士之外（JR 全线不可使用），还可以乘坐通往大阪、神户、京都以及奈良、和歌山等地。

购买 KTP 关西周游券的费用可分为成人二日券 4,000 日元，三日券 5,200 日元；儿童票二日券 2,000 日元，三日券 2,600 日元。在有效期间内可不连续使用（即开卡后可以挑日期使用），如果有安排其他县市的观光行程，购买这张就可以节省许多交通费用。

ICOCA & HARUKA 套票

"ICOCA & HARUKA" 套票集合了关西地区各种交通工具，包括 JR、地铁、私铁、巴士，购物时也可使用。从关西机场进出的朋友，建议可以购买双卡的优惠套票，以前的套票优惠不分开卖，即使只想要单买 HARUKA 优惠票，也要连 ICOCA 一起买，现在则是出示印有 ICOCA 标志的 IC 卡，即可单独购买"HARUKA 折扣券"，HARUKA 则分为单程票及往返票两种选择。

这种优惠套票并没有提供儿童套票，而且限定外国旅客才能购买（购买时需出示护照），去程票只能从关西空港进站，出站在使用区间内的任一站皆可，回程票则是进站在使用区间内任一站，但出站只能从关西空港出站。简单来说，这是往返关西机场既快速又优惠的交通票。

🎫 旅游票券购票篇

大阪环球影城门票及快速通关券

大阪环球影城是来大阪玩的重头戏，除了现场直接购票之外，部分旅行社也可以购买入园券，有的还推出环球影城门票加哈利波特保证入园券的套票优惠，也有加入了交通券的选择，虽然费用上会略贵一些，但这就是一种懒人省时购物法，省了很多的麻烦。

预先购买也有缺点，就是行程弹性较少，如果临时更改行程就会有遇上无法换票或更换日期的状况。不太建议当场排队购票，除了比较费时，还要多花些心思去注意购票细节（包括购买哈利波特乐园快速通关票券），但其实哈利波特乐园的快速通关券也不见得一定要购买，因为园区每日会限量开放免费进入哈利波特园区的名额，需要早起排队入园去抽免费入场券。总之，早起的鸟儿有虫吃这句话是不会错的。

景点介绍

▲ 霍格华兹城堡

环球影城哈利波特乐园

高人气的日本环球影城乐园一直以来是亚洲热门的旅游胜地，更是许多人前往大阪旅游必访的景点之一。2014年日本大阪的环球影城因哈利波特乐园新设施的开幕，创造了一股热潮，大家都想要亲眼看一下J.K.罗琳笔下，这个畅销小说中霍格华兹魔法学院的真实模样。

这个哈利波特乐园是仅次于美国佛罗里达州冒险岛乐园和好莱坞环球影城的哈利波特的魔法世界，在亚洲首座出现的哈利波特电影场景，除了霍格华兹城堡之外，还有在小说中巫师常聚在一起，充满着魔法色彩浓厚的"活米村"，里面的商店街还能让麻瓜买到巫师所穿的斗篷、魔杖及扫帚，还能品尝到奶油啤酒到底是什么滋味，游乐设施的部分，包括了刺激度惊人的哈利波特禁忌之旅，还有适合全家一起乘坐的鹰马飞行云霄飞车；也可以排队参观霍格华兹魔法学院里的布置，包括霍格华兹餐厅、格兰芬多交谊厅及邓不利多校长的办公室。

建议游玩时间： 4小时

- 地址　大阪市此花区樱岛 2-1-33
- 电话　＋81-5-7020-0660
- 网址　www.usj.co.jp/tw
- 时间　09:00～21:00（营业时间建议先上网查询）
- 交通　由 JR 大阪车站乘坐梦咲线至环球城车站
- 价格　一日券：成人 7,600 日元（含税）；儿童（4～11 岁）5,100 日元（含税）
　　　　二日券：成人 12,800 日元（含税）；儿童（4～11 岁）8,620 日元（含税）
- 育婴室　客户服务中心旁提供婴儿哺乳室及喂食专区，并有热水及加热副食品的微波炉专区，另外园区洗手间内部都设有更换婴儿尿布的尿布台。

心游原因

不管你的年代有没有经历过等待哈利波特连载的那段回忆，这个经典小说早就深植在每个人的脑海之中。现在不用抢着搭上九又四分之三月台上的魔法列车，只要买好环球影城的门票，就可以进到这个魔法世界。踏进白雪覆盖的活米村那一刹那，听到哈利波特专属的迷幻旋律在耳边轻轻响起，看见了许多故事中的商店，搭配不定时的娱乐表演节目，连厕所都巧妙设计出爱哭鬼麦朵的声音，让人身临其境，绝对是个令人难以忘怀的乐园。

Tips

为了哈利波特乐园而造访环球影城的人不在少数，建议上网先预订哈利波特的快速通关票之外，再来就是当个早起的鸟儿，早点排队入园至指定的整理票券区，更换进入哈利波特的预约时段券（时段的部分可以自己选择），而选择下午接近傍晚时段入园游玩的话，就可以拍摄到不同样貌的哈利波特园区，尤其是活米村的夜景，更加让人沉醉。

Chapter 6　大阪魅力新体验　景点介绍

- 地址　大阪市港区海岸通 1-1-10
- 电话　＋81-6-6576-5501
- 网址　www.kaiyukan.com
- 时间　10:00～20:00（依季节调整）
- 交通　从地下铁中央线大阪港站步行约 5 分钟
- 价格　16 岁以上 2,300 日圆；7～15 岁 1,200 日元；4～6 岁 600 日元；3 岁以下免费
- 育婴室　2 楼及 6 楼都设有哺乳室，洗手间里都有简易的尿布台。

大阪的海游馆是关西地区的旅游胜地之一，虽然距离大阪闹市区有一小段距离，但因为列为是关西周游券里的优惠景点，并搭配了大阪市港区的景点设施，所以自 1990 年开馆以来，一直是许多亲子旅游的热门景点。

馆内一共有 19 个主要展览区，并以环太平洋火山带和生态圈为主题，其中最大的水槽深 9 米，装有 5,400 吨的水，里头饲养了世界上体型最大的鱼类——鲸鲨。

参观的路线建议由入口处搭乘超长的手扶梯直达 8 楼，再慢慢往下参观。海游馆的基础理念就是要将环太平洋的生态呈现给大家，并且强调所有的生物都是紧密联结的，所以从海平面到海底的世界一一让大家了解。

整个馆内包含了 620 种共计 30,000 多只海洋生物，馆内也可以租借导览机或者是请专业的导览员帮大家解说各种海洋生态知识，是个寓教于乐的亲子自由行景点。

建议游玩时间： 4～5 小时

必游原因

大阪海游馆最让人津津乐道的一项表演，就是可以近距离欣赏企鹅散步的游行表演。在每年冬天 12 月中下旬到 1 月中旬的假日时段，在活动广场上让这群胖嘟嘟的小家伙出来散步。看着它们摇头晃脑的样子真的是治愈，不过，要记得确认好企鹅游行的时间，每日有三场，每场只有 10 分钟，错过就要等隔天了！

Tips

为了参观的品质，推婴儿车是无法进入馆内的，必须留置在海游馆的服务台，但是这里也不提供婴儿车租借的服务，所以，参观时，建议爸爸妈妈要记得带背巾比较方便。另外海游馆是当天可以不限次数进出的，用餐时间可以出馆至附近的购物商场用餐，接着再回来继续玩，在出口处的服务台工作人员会在游客手背盖上图章为可再次入馆的证明。

Chapter 6 大阪魅力新体验 景点介绍

圣母玛丽亚号&天保山大摩天轮

▲ 天保山商场及天保山大摩天轮

　　圣母玛丽亚号及天保山大摩天轮都属于大阪市港区的景点设施，可以与海游馆排入同一天的行程。

　　天保山大摩天轮是港区这里最明显的地标，高112.2米，直径长达100米，绕行一圈所需的时间约15分钟，天气晴朗的时候还能看到关西机场，坐在上面居高临下饱览整个港湾及明石海峡大桥风貌。据说这个摩天轮还有个预报天气的功能，会依图案显示告知大家隔天的天气是晴天（太阳）、多云（云朵）或者是雨天（雨伞）。

　　紧邻着摩天轮旁的港湾停放了一艘仿哥伦布远航美国大陆时所建造的帆船型观光船圣母玛利丽亚号，是大阪海湾上的观光巡航船，环绕行驶于大阪湾港区，延途

- **地址** 大阪市港区海岸通1-1-10
- **电话** +81-5-7004-5551（圣母玛丽亚号）；+81-6-6576-6222（大摩天轮）
- **网址** www.kaiyukan.com/thv/cruise（圣母玛丽亚号）
　　　www.kaiyukan.com/thv/ferriswheel（大摩天轮）
- **时间** 圣母玛丽亚号：11:00～16:00（依季节般可能会有异动）
　　　大摩天轮：10:00～22:00（售票及搭乘窗口至21:30为止）
- **交通** 从中央线大阪港站1号出口出站，向西北步行约10分钟
- **价格** 圣母玛丽亚号成人1,600日元，儿童800日元；大摩天轮800日元或持大阪周游券免费搭乘
- **育婴室** 没有特别设置的育婴室，但是港口旁的天保山商场2楼有专属的育婴室，洗手间内也有简易的换尿布平台。

必游原因

将这两个景点合并做介绍，主要是因为这两个景点都可以使用大阪周游券的优惠免费搭乘，也非常适合亲子活动。带小朋友的爸妈通常都会把海游馆列为旅游重点之一，来到港区加上有大阪周游券的附加价值，同时体验海上乘风破浪与游览港湾美景的双重玩法，也是非常不错的选择。

可以欣赏到天保山大桥、大阪环球影城、海游馆及五十五层楼高的宇宙大厦，整趟的巡游时间大约为 45 分钟。

建议游玩时间： 2 小时

Tips

圣母玛丽亚号每日开船都有固定的时间，建议大家可以先至售票处查询时间，上船之后先别急着拍照，找船舱靠窗的位子坐下来，船上提供付费餐饮服务，在这短暂的航程中，可以享受一下游轮上的惬意休闲时光，等到游轮准备回航时，再至船上各处拍照留念即可。

Chapter 6 大阪魅力新体验

景点介绍

2014 年，阿倍野 HARUKAS 正式以日本最高的摩天大楼名号成为关西大阪另一个让人必访的新景点，取代了横滨 Lamdmark Tower，成为大阪的新地标，也是日本第三高建筑物，仅次于东京的晴空塔及东京铁塔，并由擅长盖摩天大楼的美国建筑师 César Pelli 来负责设计。

高度 300 米的阿倍野 HARUKAS 地上共有 60 层，地下有 5 层，可直通地下铁车站。而此摩天大楼也是复合型的百货商场，除了有阿倍野 HARUKAS 近铁百货的入驻，还有大阪万豪都酒店、HARUKAS 300 展望台及美术馆等相关设施。搭着快速电梯抵达摩天大楼的阿倍野展望台后，参观的同时也让小孩体验、探究摩天大楼背后的美学设计。

建议游玩时间： 2～3 小时

阿倍野展望台 HARUKAS 300

必游原因

阿倍野展望台位于阿倍野 HARUKAS 的 58 楼及 60 楼，登上这个日本最高的摩天大楼景观展望台，可以将大阪市容尽收眼底，尤其是顺着展望台特别的"天上回廊"环状的景观步道，走在透明的玻璃屋内，感觉就像是走在云端上。除了展望台之外，59 楼所设置的洗手间也称为是"绝景洗手间"，走进洗手间内环顾四周，大片落地玻璃窗及踩在脚下的街景，这样的洗手间也变成另类打卡地点。另外，59 楼的 Shop Harukas 300 商店内也有阿倍野 HARUKAS 的吉祥公仔"阿倍野熊"，全身淡蓝色、穿着云朵装的阿倍野熊，最喜欢的就是云朵了，在纪念品商店里也出售许多限定周边商品。如果行程不赶，也别错过在 58 楼的天空庭园，坐下来喝一杯咖啡，感受一下身处在天空之城里的氛围。

- 地址　大阪市阿倍野阿倍野筋 1-1-43
- 电话　＋81-6-6621-0300
- 网址　www.abenoharukas-300.jp
- 时间　09:00～22:00
- 交通　邻近地下铁御堂筋线、阪堺电车的天王寺站与近铁阿部野桥站
- 价格　成人（18岁以上）1,500 日元；国高中生（12～17岁）1,200 日元；小学生（6～11岁）700 日元；儿童（4岁以上）500 日元；幼儿（3岁以下）免费
- 育婴室　展望台上并没有提供哺乳室，可以至楼下的近铁百货 8 楼，有专属的育婴室。

Tips

门票费用的部分，分成当日券及一日券，当日券只可进出一次，出场后就不能再进场，而一日券则是可以一日内无限次进出，比较适合想拍日景、夕阳或夜景的摄影朋友吧！记得买票的时候依自己的需求，千万别买错票种。

美食分享

Gudetama café 蛋黄哥咖啡厅

这几年来三丽鸥家族里出现一个与世无争、淡定慵懒的超人气角色"蛋黄哥",从 2013 年设计出来后,迅速开始走红。

这个什么都不想做的家伙,却出现在许多日本限定的商品上,让大人小孩都趋之若鹜地想收集。所以,来到了大阪梅田这个美食餐厅的聚集地,可以来这间非期间限定的蛋黄哥咖啡厅,品尝一下这个疗愈系美食下午茶。不管是可口的松饼,还是美味的餐点或饮品,我想大家醉翁之意都不在美食,只是想跟这小家伙拍一张合照吧!

- 地址 大阪市北区角田町 5-15 HEP FIVE 7 楼
- 电话 +81-6-6366-3694
- 网址 www.sanrio.co.jp/character/gudetama
- 时间 11:00 ~ 22:30

北极星蛋包饭（心斋桥本店）

- 地址　大阪市中央区西心斋桥 2-7-27
- 电话　+81-6-6211-7829
- 网址　hokkyokusei.jp
- 时间　11:30～21:30

　　日本蛋包饭和我们一般常吃到的不一样，听说蛋包饭的发明者是九十几年前一位创立洋食屋的老板北桥茂男先生。而在日本大阪心斋桥附近就有一家广受游客喜爱的蛋包饭专卖店，称为蛋包饭的创始店。

　　虽然它有许多分店，但其中就以这家总店因为保留纯日式风格的建筑及庭院造景特色，让许多人都慕名而去。除了名气之外，蛋包饭的美味才是让大家跃跃欲试的主要原因，从心斋桥的热闹街道转进小巷，完全感觉不出这家排队美食的高调，但推开大门之后，光从门庭若市的候位人潮，就可以知道这家蛋包饭的传奇绝非空穴来风，尤其在吃到由精华酱汁所包裹的米饭和蛋香味十足的蛋皮后，更觉得这传奇真的名不虚传。而且蛋包饭的口味选择非常多样化，也适合小朋友吃。

🛒 亲子血拼胜地

　　这个集合购物、美食、游乐于一身的血拼景点，是由日本三井不动产公司所投资打造的大型商城，也是目前日本最大购物商场 EXPOCITY。

　　占地 17.2 万平方米的巨无霸等级的购物商场，逛三天三夜也逛不完，除了国内外精品 305 家商店及餐厅之外，还具备八大主题娱乐馆的复合型休闲景点，距离大阪的市中心也不远，可搭乘轻轨电车直达，交通非常便利。

　　游乐主题馆寓教于乐，其中 NIFREl 博物馆就是包含了水族馆、动物园与美术馆于一身的亲子同乐新景点，还有以 Pokemon 为主题的儿童游乐馆及 ANIPO 以动物为主题的小型儿童室外游乐场，都

- 地址　吹田市千里万博公园 2-1
- 电话　+81-3-5927-9320
- 网址　www.expocity-mf.com
- 时间　10:00～21:00（其余的设施营业时间请参考其官网介绍）
- 交通　御堂筋线千里中央站下车，转乘 Monorail，于万博纪念公园站下车直达

可以让爸妈带着小朋友在这里尽情地玩上一整天。

另外还有一座日本最高的摩天轮Redhorse Osaka Wheel，总高度为123米，共有72个车厢（包含2个VIP车厢），坐在上面可以一览大阪风光明媚的景色，重点是整个车厢都是以透明玻璃为主的设计，包括底部都是透明的，不管是哪个角度欣赏大阪风景绝无死角，光是这样听起来，就不能错过EXPOCITY了吧！

Tips

位于吹田市的EXPOCITY，与热闹的大阪市中心还有些距离，但只要是地铁能到的地方都不算远，大部分的人会选择搭乘地铁御堂筋线前往千里中央站，再换乘大阪单轨电车至万博纪念公园站，以步行的方式到EXPOCITY商场，但要注意的是，并不是每台电车都会到千里中央站，有的可能只到大阪站，所以上车时要留意一下电车的停靠站信息。另外，关西周游券也可以使用于大阪单轨电车，但如果要待在这边一整天的话，不建议选一日使用，除非是从别的县市过来，使用才会划算。

在EXPOCITY，除了集合了许多大阪的热门美食餐厅之外，还有KIDDY LAND策划的主题特色商场，其中还有男孩最爱的钢弹专门店"GUNDAM SQUARE"，还有结合了GUNDAM咖啡馆，里头有许多钢弹限定的饮品或点心。

127

临空城 Outlet 距离关西机场相当近，很多人都会把它当成是入境的第一站，或者是准备出境的最后一站，整个购物中心包含了临空 Outlet 及临空 Seacle 两大购物区域，形成一个超大购物商城，其中临空 Seacle 又被称为快乐街，包含美食餐厅和儿童游戏设施，而临空 Outlet 里的童装款式也相当齐全，一年到头都有不同的折扣价，只要来到这，绝对不会让大家空手而回！

Tips

许多日本的 Outlet 会赠送国外顾客特别的专属优惠券，而临空城 Outlet 也有这项专属优惠，只要带着护照到服务中心，就可以获得比折扣价更优惠价的外国观光客专属优惠券（优惠券每人限领 1 张）。

国际名牌童装一定是许多爸妈的优先采购战利品，而临空 Seacle 里也有不少的日系童装品牌，像是 Baby Doll 或者是走平价路线的西松屋，都可以替小朋友添加不少的行头呢！

临空城 Outlet

- 地址　泉佐野市 Rinku 往来南 3-28
- 电话　+81-7-2458-4600
- 网址　www.premiumoutlets.co.jp/cht/rinku
- 时间　10:00～20:00（每间店铺营业时间不同）
- 交通　JR 或南海电铁 Rinku 城站下车，步行约 10 分钟

Chapter 6

大阪魅力新体验

亲子血拼胜地

Winnie 的私房景点

钓船茶屋（难波本店）

- **地址** 大阪市中央区日本桥 1-1-13（B1）
- **电话** +81-6-6212-5882
- **网址** www.zauo.com
- **时间** 平日 17:00～24:00
  假日 11:30～23:30
- **交通** 地铁日本桥站 6 号出口

日本居酒屋文化就像欧美的 PUB 一样，就是让大家一起放松喝酒的地方。来到日本，非常推荐大家一定要深入体验一下他们地道的饮食文化。

特别介绍这间位在大阪日本桥附近的"钓船茶屋"，它是一家好吃又好玩的新形态居酒屋，这家在九州福冈起家的体验型食屋，目前在日本已经有好多家分店了。这家居酒屋最大的特色就是可以让游客体验"自己钓鱼自己吃"的创新餐厅。

一进到餐厅里，就可以看到一艘大船停在水上，坐在船上的人都人手一只钓竿，一边聊天喝酒一边钓鱼，这样的画面还挺有趣的吧！不过，老实说，要真的钓到鱼还不是件容易的事，店员都会"出手相救"。自己钓上的鱼总感觉吃起来特别美味，更特别的是这里的氛围，当你钓上鱼的那一刹那，服务员会在岸上替你打鼓欢呼，让整间店的人都知道你钓上了一条大鱼，并分享喜悦给所有的客人。而小朋友来这里，看到鱼也特别的开心，儿童餐还以一艘小船来装载所有的食物，并赠送小玩具呢！

亲子记忆保鲜盒

▼ 魔杖纪念品

哈利波特应该是属于我们的共同回忆，对于下一代来说，不见得会认识这些陪同我们数年的经典角色人物，更别说是感受到踏进环球影城霍格华兹魔法学院或活米村真实场景里的那份感动。

既然都进入这个魔法世界了，当然除了要自己入戏之外，也要把宝贝从麻瓜的角色一同变身成为巫师家族里一角，拍张全家福纪念照片留念，或者是送给宝贝一支魔杖伴手礼，让他们永远不会忘记曾经一同跟爸妈追逐过这个经典的魔法世界！

Chapter 6 大阪魅力新体验

亲子记忆保鲜盒

魔法世界的巫师装扮

Chapter 7

京都 奈良 神户
开心游

爸妈上手度 ♥♥♥♡♡
语言沟通度 ★★★☆☆
交通便利性 ♥♥♡♡♡

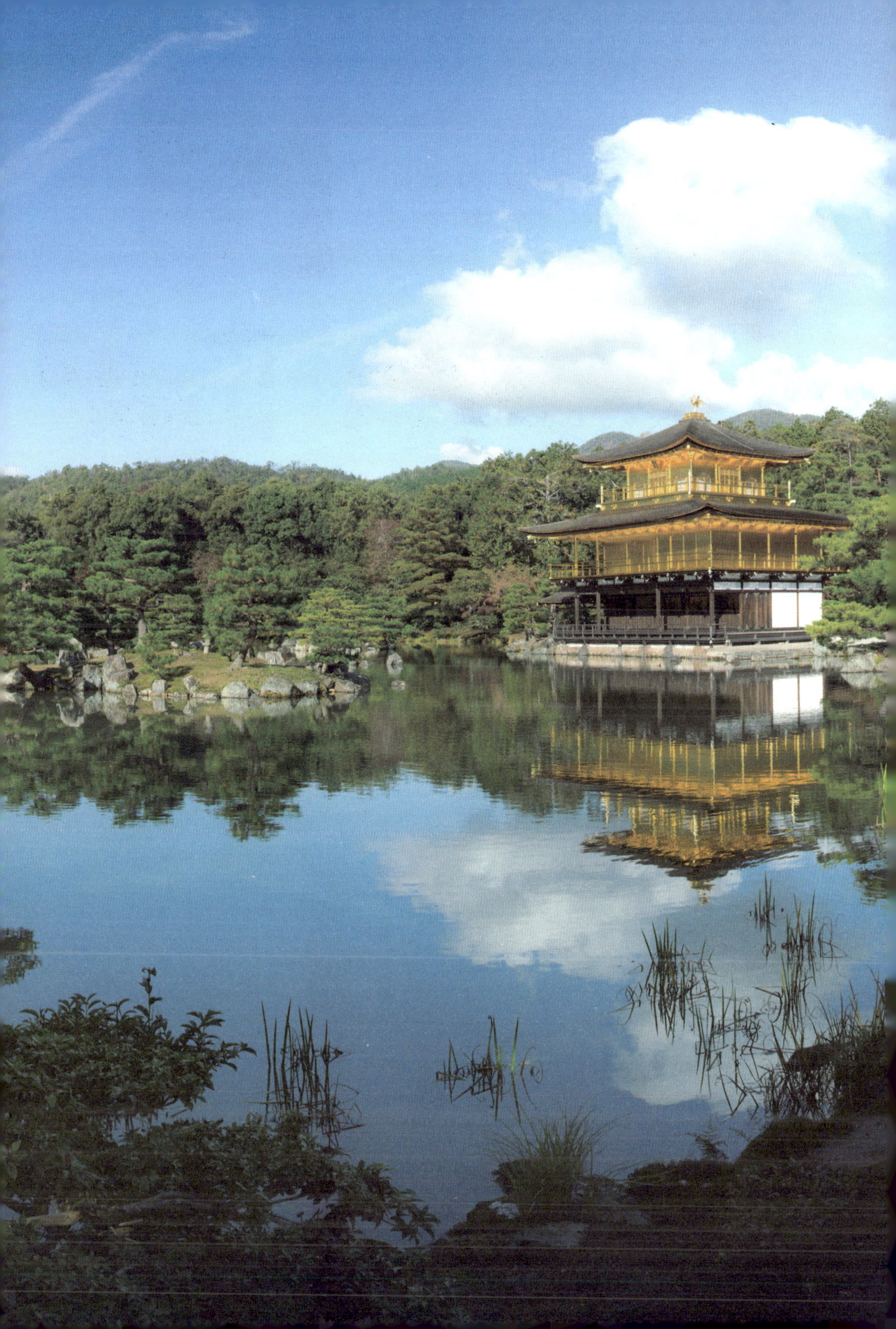

📍 行程推荐

五天四夜行程推荐

Day 1
大阪关西国际机场
→ 京都 → 伏见稻荷千本鸟居
→ 祇园 → 花间小路

Day 2
京都 → 和服体验
→ 清水寺
→ 京都地主神社
→ 清水坂、二年坂、三年坂

Day 3
奈良 → 奈良公园喂鹿
→ 东大寺
→ 春日大社 → 京都

Day 4
神户 → 神户异人馆 → 神户港
→ MOSAIC 购物商场
→ 面包超人博物馆

Day 5
大阪 → 黑门市场
→ 难波公园购物中心
→ 大阪关西国际机场

Winnie 的旅游攻略 → 一般如果要前往京都、奈良、神户，航班主要还是以飞往大阪关西国际机场为主，到了机场后再转乘前往上述几个地点。京都的住宿费用并不便宜，若是五天四夜的行程，会建议在京都住2晚，而另外2晚可住位于交通枢纽中心的大阪，之后行程不管是往东、往西、往南都非常方便，而且最后一天还能从大阪直接返回大阪关西国际机场，行程上也比较顺。至于机票加饭店的费用问题，若是要直接往京都或奈良，建议分开订机票和饭店，因为市面上的旅行社套装行程"机加酒"多以大阪住宿居多。

Tips
因为带着小朋友旅行，所以行程的安排上以1天1个县府为主的安排较理想，而且京都很适合深度旅游，安排2~3天待在这个古老京都，感受它的魅力，体会一下真正的古都之旅，也是一种不错的行程规划。

四天三夜行程推荐

Day 1 
大阪关西国际机场
→ 京都
→ 伏见稻荷大社
→ 祇园 → 花间小路

Day 2 
京都
→ 清水寺 → 京都地主神社
→ 清水坂、二年坂、三年坂
→ 八坂神社

Day 3 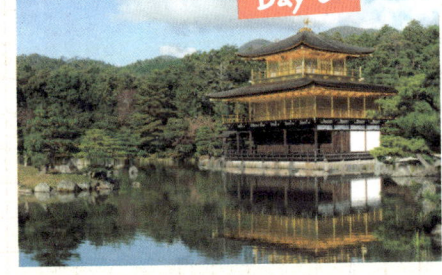
金阁寺 → 岚山渡月桥
→ 岚山小火车 → 东福寺

Day 4 
奈良 → 奈良公园喂鹿
→ 东大寺 → 春日大社
→ 大阪关西国际机场

Tips
一般不太会选择住在奈良，因为奈良的景点没有京都多，但它的优点是可以直接坐近铁线回到大阪市区，车程大约是 1 小时，回程的路上刚好可以让小朋友休息补觉。

Winnie 的旅游攻略 → 如果仅能在关西停留四天三夜且是以京都为主的行程，建议住宿点可选定离京都地铁站近一点的地方，以方便每日转车至欲前往的地点，最后一天再前往奈良即可。因为京都的景点大多是要靠脚力达成的，所以每日能从饭店省点腿力到地铁站或公车站换车，且续住三日饭店，可以省下换饭店的时间，因此建议可选择京都地下铁、京阪本线及阪急京都线附近的饭店，然后再买前往奈良的交通票搭配使用即可。

交通票券购票篇

京都的交通四通八达，最主要的转乘站就是在 JR 京都车站，这里有可以转乘各景点的观光巴士，且站前设有服务咨询台。另外，京都的电车也是相当发达的，市内主要的电车路线及近铁、私铁路线都距离观光景点不远，下车后步行即可到达。而奈良最主要的交通工具是巴士，循环巴士可以带大家抵达奈良的各景点。至于要从关西机场抵达京都唯一的直达列车就是 JR 关空特急 HARUKA，当然也可以搭配私铁的南海电铁进到大阪市后再利用 KTP 关西周游券前往京都，或者在机场直接搭乘机场巴士抵达京都，就看大家的行程安排顺序，并善用适当的交通票券，以达到省时省钱的旅游计划。

既然来到关西旅游，有了 HARUKA 和 ICOCA，基本上就可以在关西和京都"闯荡"了；若是要到大阪，则可以再购买大阪周游券，若是要往奈良，再加买奈良·斑鸠一日券，若是要往神户，可买阪急一日券、阪急全线乘车券，若是要在关西玩个遍则可买 KTP 关西周游券或是各种 JR 西日本铁路周游券。

是不是看到这里就已经头昏脑涨，不知自己该买哪一张票券了呢？没错，京都复杂的不是地铁路线图，真正让人烦恼的是交通票选择太多，而不知该购买哪一些才正确！这些交通票券其实比的不是价钱，而是提供给旅客更加便利的旅游小工具，而且大多数票券在关西机场就可以一次购足，建议大家一定要先规划好行程，才知道该购买哪些优惠的交通票券。

京都交通票券

京都观光一日或二日乘车券，一日乘车券售价为成人 1,200 日元，儿童（6～11 岁）600 日元；二日乘车券售价为成人 2,000 日元，儿童（6～11 岁）1,000 日元，此券可搭乘京都市巴士全线、京都地铁全线，但要注意的是二日券需要连续二日使用，日期不可拆开，而一日券使用的时间非 24 小时而是以启用当日为有效日期，售票的地点在巴士、地铁的营业所都可以买得到。

如果在京都只停留一日，而且大多的景点都是巴士可抵达，则是可以考虑购买京都巴士一日券为主，售价为成人 500 日元，小孩（6～11 岁）250 日元，购买地点为京都市巴士、地铁站内所及巴士营业所等，亦可以在搭乘市巴士时向司机购买。

奈良交通票

奈良·斑鸠一日券有多种组合，主是以京都市地铁、近铁电车及奈良的交通工具为主，再搭配私铁及电车所发行的交通票券。此券的售价从与京阪电车套票 1,700 日元到神户电车套票 2,570 日元不等，主要看大家有没有搭配另一个地区的旅游行程。

奈良·斑鸠一日券只有成人票，并没有儿童票。依地区版本的不同，只能丁当地购买所发行的奈良·斑鸠一日券，例如，在大阪无法购买京都地区的奈良·斑鸠一日券。另外此券还有提供部分的优惠，可于一些景点门票上享有。

神户交通票券

神户街游一日券是以神户地区为主，搭配阪急、近铁、电车及各其他交通公司所发行的交通票券，套票的版本分成春夏及秋冬两种，售价会依搭配的旅游地区而有所不同。此券可以使用神户内所有基本区间电车且不限次数搭乘，还有一份神户街游一日优惠券，可使用里头的优惠点数，折抵景点设施的门票费用。

不过神户街游一日券是不能搭配神户的观光巴市 City Loop，但可以利用提供的折扣优惠去购买 City Loop 一日券。所以在行程上只想去几个神户的景点时，建议可搭乘 City Loop 神户市区的观光巴士即可。此 City Loop 一日券有分单程及一日券，单程单趟不限距离，售价为成人 260 日元，儿童（6～11 岁）130 日元；一日券售价为成人 660 日元，儿童（6～11 岁）330 日元。

建议在神户有两个以上的行程景点，就可以考虑购买一日券会比较划算，在 City Loop 观光巴士上购买即可，而此券也有提供各项观光景点的折扣优惠，不过要注意，City Loop 一日券售出后无法退还。

景点介绍

伏见稻荷大社

- 地址 京都市伏见区深草薮之内町 68 番地
- 电话 +81-7-5641-7331
- 网址 inari.jp
- 时间 全年开放
- 交通 京阪本线伏见稻荷站
- 价格 免费
- 育婴室 伏见稻荷大社并没有提供育婴室或哺乳室的地方。

还记得电影《艺伎回忆录》中,女主角奔跑在千鸟居前让人印象深刻的画面吗?那正是在京都市伏见区稻荷山的稻荷大社所拍摄的场景。稻荷大社也是许多人来到京都的必游之地,同时此处也是赏樱的胜地。

伏见稻荷大社是日本稻荷神社的总本宫,而稻荷大神是神道教诸神中的农业之神,狐狸是他的使者,因此在稻荷神社中,可以看到许多尊狐狸的雕像,但最让人印象深刻的是那由上千座朱红色鸟居长廊所组成的"千鸟居",这些鸟居是由江户时代开始,参拜许愿者捐款一一建造而成,整个鸟居长廊全长达 4,000 米,可称之为鸟居隧道。现存最早的鸟居据说可追溯到百余年前,而此处也由日本政府指定为重要文化财产之一,非常值得前往一探究竟。

建议游玩时间: 2~3 小时

Tips

参观日本神社,大家都知道要入乡随俗地净洗一下,包括在楼门的手水舍洗手漱口,还有在正殿前摇铃,接着放入香油钱后进行 2 拜 2 拍手再 1 拜的参拜礼俗。现在很多神社正殿外会有图解告示牌,希望观光客能共同遵守这些参拜的礼俗。

必游原因

京都虽然有很多神社，但是伏见稻荷大社的千鸟居特别知名，整个山林步道竖立着平行密排的千鸟居门，着实是在日本非常少见且如此大规模的鸟居。步行 30～40 分钟后，鸟居会逐渐减少，但是映入眼帘的则是整个京都美景。神社本身建筑之美也值得一看，神社入口处的楼牌，则是丰臣秀吉于 1589 年所建。

▼ 鸟居绘马

▼ 千本鸟居

Chapter 7 京都奈良神户开心游 景点介绍

清水寺

- **地址** 京都市东山区清水 1-294
- **电话** +81-7-5551-1234
- **网址** www.kiyomizudera.or.jp
- **时间** 06:00～18:00（特殊季节时会开放特别时段）
- **交通** 可由 JR 京都站搭乘市公车于五条坂站下车，徒步约 10 分钟；或搭公车于东山五条站下车，步行约 10 分钟；或阪急电铁京都线河原町站搭乘公车于清水道站下车，步行约 10 分钟皆可抵达
- **价格** 高中以上 300 日元，初中小学生 200 日元；红叶期间高中以上 400 日元，初中小学生 200 日元（因季节而异）
- **育婴室** 没有特别设置育婴室，但是无障碍厕所里都有提供尿布台。

清水寺与金阁寺（鹿苑寺）、岚山等同为京都境内著名的名胜古迹，一年四季游客络绎不绝。其中清水寺为京都最古老的寺院，正殿旁有一小山泉瀑布，数千年来顺着音羽山涌出，流水清澈，终年不断，称为音羽瀑布或延命水，因此清水寺之泉列为日本十大名水之首，清水寺也因此而得名。

列为世界文化遗产的清水寺，一年四季都有不同的景色，无论是春天的樱花、夏天的瀑布、秋天的枫叶、还是冬天的雪景，每一幕都让游客向往不已。采用栋梁结构式建筑设计的清水寺，正殿宽 19 米、深 16 米，依附在悬崖峭壁而建造，正殿前用 139 根高 12 尺（1 尺约为 33 厘米）的巨大榉木并列支撑悬空的"清水舞台"，以不用一钉一铁打造出的巧妙建造工法而闻名于世。站在这个悬空的清水舞台上，可以眺望京都市区的绝佳美景。

建议游玩时间： 半天

心游原因

清水寺仁王门前，整条的商店街有很多有特色小商店，可以买到京都特产、纪念品等。沿路慢慢逛上去，20~30分钟就可以到达清水寺的仁王门。幸运的话也许也能在二年坂和三年坂附近看到日本艺妓并与她们合影留念。另外，清水寺的夕阳与夜景也很漂亮，若运气够好的话，也可以欣赏远方落日余晖下的京都市区美景。

Chapter 7 京都奈良神户开心游 | 景点介绍

1. 地主神社的恋爱石
2. 祈求良缘地主神社
3. 音羽瀑布

141

东大寺&奈良公园

必游原因

东大寺另外一大特色是成群的梅花鹿,传说中春日大社神祇,就是乘着鹿降临于此地的。这些鹿放养在东大寺里面,游客可以自由和鹿嬉戏玩耍、喂食。奈良公园的周边都有出售鹿饼干的摊贩及贩卖机,供游客购买来喂食鹿群及拍照合影留念。

▲ 东大寺

- **地址** 奈良市杂司町406-1
- **电话** +81-7-4222-5511
- **网址** www.todaiji.or.jp
- **时间** 11月~2月 08:00~16:30;3月 08:00~17:00;4月~9月 07:30~17:30;10月 07:30~17:00
- **交通** 在近畿日本铁道近铁奈良站转搭奈良循环巴士,在大佛殿春日大社前站下车,步行约1分钟即可抵达
- **价格** 成人500日元;儿童300日元
- **育婴室** 东大寺及奈良公园里没有专属的育婴室,若有需求,建议于近铁奈良站询问站务人员。

　　从奈良车站出来后,可先到旅游服务中心拿详细的地图,按图索骥前往这几个寺庙看看。其中东大寺算是离公园入口处最近的寺庙景点,它拥有超过1200年的历史,也是目前全世界最大的木造建筑寺庙,且东大寺里所供奉的是"卢舍那佛",俗称"奈良大佛",高15米以上、总重380吨,是世界最大的青铜佛像。

建议游玩时间: 半天

神户港&神户塔

- **地址** 神户市中央区波止场町 5-5
- **电话** +81-7-8391-6751
- **网址** www.kobe-port-tower.com
- **时间** 3月~11月 09:00~21:00
  12月~2月 09:00~19:00
- **交通** 从JR阪神元町站步行15分钟或从市营地铁海岸线港元町站步行约5分钟
- **价格** 成人（高中生以上）700日元；儿童（6~15岁）300日元
- **育婴室** 神户塔里只有提供尿布台，建议可以步行至神户港边的 MOSAIC 购物商场，有较完善的育婴室。

神户港已有 130 年的历史，迄今仍是个国际商港，矗立于海旁；高 108 米的神户塔是神户相当著名的地标之一，也是目前世界上唯一管状结构的观光塔。塔身主要为地面及塔身两大区层，地面下共有三层楼，而塔身共有五层楼，地面的楼层主要以售票处、纪念品区及餐厅为主，塔身则是观光层，需搭乘专属的电梯才能直达塔身 360 度的全景观光楼层，最高的楼层可远眺至六甲山及关西国际机场，而展望台的 3 楼则设有每 20 分钟可旋转 360 度一圈的旋转咖啡厅，若想要以最悠闲的方式饱览整个神户港美景的话，坐在旋转咖啡厅里一定是最棒的选择。

建议游玩时间： 1 小时

心游原因

畅游神户的景点，很多人会选择利用神户市区的循环巴士 City Loop，它可以载游客造访多个神户人气景点。由于一日券可重复搭乘，往返车站及各景点，建议大家来到神户可以选择以巴士来代步，而神户港也是 City Loop 巴士的循环站之一，可以一并与其他景点列入周游的行程。

Chapter 7 京都奈良神户开心游 — 景点介绍

🍴 美食分享

总本家平宗柿叶寿司（奈良店）

日本的火车便当相当知名，许多条路线或车站都有各自独特的限定便当，而在奈良车站，最出名的就是柿叶寿司便当。

由于奈良位于内陆，离海相当遥远，难以吃到新鲜的鱼类，于是就衍生出利用柿子叶把每个寿司都包起来，维持保存期限的传统保存食物方式，进而成了奈良地区独特的特色美食。用柿叶包起来的寿司，除了可以增添一股柿叶的清香之外，还能去除鱼腥味。

奈良最著名一家出售柿叶寿司的店家即为"总本家平宗"，在奈良地区设有8处的分店，另在京都、大阪百货内设有专卖店。这种独特的柿叶寿司，的确和我们平常吃的新鲜生鱼片握寿司口味不同，由于它本身就是使用盐渍的鱼片来搭配米饭，再包上柿叶，口味上比较偏咸一些，但是多了一股特别的柿叶风味，是一种非常独特的当地美食，非常推荐大家来到奈良品尝。

- 📍 地址　奈良市今御门町 30－1
- 📞 电话　+81-7-4222-0866
- 🌐 网址　www.kakinoha.co.jp
- 🕐 时间　10:00～20:30（每周一公休）

粟田山庄京料理

京料理，顾名思义就是发源于京都的料理方式，而这多年获得关西米其林评鉴一星肯定的粟田山庄，就是以其四季变幻的庭园造景及正宗的京料理所闻名。

建造于 1937 年的粟田山庄，是两层楼的建筑，就建造于粟田山上，占地 420 坪（1 坪约为 3.3 平方米），庭园就拥有 270 坪大，紧邻着青莲院及知恩院，目前是京都大仓饭店的高级料埋亭别馆，除了提供会席料理之外，平日中午也有提供便当套餐。

一向给人昂贵印象的京料理少说吃一餐也要上万日元的代价，但能在这样的高级料理亭品尝美味餐点及欣赏四季庭园造景，每人的消费不到 5,000 日元，而且还能在日本京都传统茶屋的建筑包厢里用餐；在品尝美味料理的同时，还能感受到大自然庭园造景，感受静谧的氛围，实在是非常难能可贵的美食体验。

既然是讲求以季节感突显料理特色的京料理，当然也会随着季节食材来变化菜色，所以四季的餐点都会不同。另外值得一提的是，除了食材上的用心之外，这里也很重视食材及器皿的摆盘及用餐氛围。

- **地址** 京都市东山区粟田口三条坊町 2-15
- **电话** +81-7-5561-4908
- **网址** okura.kyotohotel.co.jp/restaurant/awata
- **时间** 午餐 11:30～14:30 晚餐 17:30～19:00
- **交通** 地铁东西线至东山 1 号出口，步行约 10 分钟

亲子血拼胜地

MOSAIC 购物广场

位于神户港边的 MOSAIC 购物商场，有着绝佳的位置及美景，集合了许多美食餐厅、游乐园区、服饰生活用品等近百家店铺，半露天式的商场充满异国风情，入夜后可从商场外的滨海长廊上远眺由神户港塔、海洋博物馆及饭店所组成的壮阔夜景。

而设置在南侧的 MOSAIC 花园，还有可以饱览整个神户港风景的摩天轮及游乐中心。其中又以面包超人儿童博物馆及商城最受到国内外游客的喜爱。

在面包超人博物馆里，可以与可爱的面包超人相遇，并创造美好的体验回忆；面包超人商城里还有许多各式各样限定商品及餐厅，像是"果酱叔叔面包工厂"就有许多由面包超人里出现的各种主角所制作成的可爱面包，还有儿童专属的面包超人理发厅等，是个很适合带小朋友造访的景点之一，而且这些店铺大部分都设置在室内，所以不用担心受到季节和天气的影响，可以尽情地享受购物及玩乐。

Tips

前往面包超人博物馆里参观，需要额外收费，但是博物馆外的商店区，都是可以免费进入的。其他的游乐设施，也是需要另外购票才能游玩。

在 MOSAIC 购物商场里有个 KIDDY LAND，由多个主题的可爱公仔玩具专卖店所组合的玩具天地，包括迪士尼商店、Miffy 专卖店、Rilakkuma 拉拉熊专卖店、三丽鸥、史努比、Kapibarasan 水豚君专卖店，光是在这个专属的公仔玩偶小天地里，就让人买到走不出来了，更别说还有许多结合了神户当地限定推出的商品和伴手礼，令计人买到手软啊！

- 地址　神户市中央区东川崎町 1-6-1
- 电话　+81-7-8382-7100
- 网址　umie.jp
- 时间　10:00~20:00（不同店家的营业时间也会有所不同）
- 交通　从 JR 神户站往海边方向步行 8 分钟

Chapter 7　京都奈良神户开心游　亲子血拼胜地

清水坂、二年坂、三年坂

京都最美的应该就是风景,但如果说起购物血拼的胜地的话,那就是通往清水寺上,几条古朴小径两旁,搭配着传统建筑物的店铺和商家。

通往清水寺的主要道路"清水坂",这条路上就有不少京都风味的餐厅、各式的纪念品和伴手礼专卖店,其中又以生八桥伴手礼专卖店还有隐藏在巷弄里的吉卜力专卖店最值得推荐参观及采买。

再来是"二年坂",这条小径上有许多的茶寮及下午茶特色店铺,还有京都有名的百年化妆品牌 Yojiya 专卖店,光是这一家家的小店,每家都想让人绕进去挖宝,不知不觉就可以逛一整个下午。

另外连接着清水板的"产宁坂"(又称三年坂),路上两旁大多为江户时代的町屋木造房舍,还纳入"产宁坂传统建造物群保存区",有许多和风的小杂物商家,另外还有一家有着 350 年历史的七味家本铺。

Tips

无论是清水坂、二年坂、三年坂，都是石板路和阶梯所组成，因为"坂"的意思本来就是斜坡，所以走在这石阶梯上，如果带着婴儿推车会不好行走，建议如果是带较小的婴儿前往，最好当天以背巾来搭配使用，行动上会比较方便些。

一提到京都的美妆老店"Yojiya"大家应该不陌生，很多人都会买这个有京都艺妓娃娃头的 Yojiya 吸油面纸来当作伴手礼分送亲朋好友。话说这个远近闻名的 Yojiya 迄今历史已超过百余年头，也成了最能代表京都的知名彩妆商品。因为老品牌深受信赖，加上品牌风雅别致，是值得入手的！

- 地址　京都市东山区清水
- 电话　+81-7-5752-0227（京都市观光协会）
- 时间　依不同店家而异
- 交通　在 JR 京都站转搭市营公车 206 约 10 分钟，在清水道站下车，步行约 10 分钟即可抵达。

Winnie 的私房景点

星巴克六角堂概念店

- **地址** 京都市中京区六角通东洞院西入 堂之前町 254
- **电话** +81-7-5257-7325
- **网址** www.starbucks.co.jp
- **时间** 周一至周五 07:00～22:00
  周六、日及假日 08:00～22:00
- **交通** 乌丸御池站 5 号出口步行 3 分钟

　　星巴克虽然不是起源于日本，也不是日本最流行的咖啡馆，但在日本却有数家结合独特创意及文化的限定星巴克概念店，在京都就有两家星巴克概念店，其中要介绍的这家六角堂概念店，结合了非常独特的六角堂寺庙景观并合而为一，所以被许多人列为必访的一个京都下午茶景点。

　　身处在商办大楼里的六角堂概念店，从外观完全看不出来有什么特色，但一走进店里，就会被整面景观落地窗外的顶法寺（六角堂）给震慑住。坐在落地窗前的客席座位上，享受这片刻的午后美好。喝完下午茶也可以到顶法寺走走，这座名为六角堂的顶法寺，建筑本身就是正六角形所以得名，也是京都相当悠久的寺院之一。由于建筑受我国文化的影响，所以外观还有中国风的建筑特色。另还有浪漫的传说，相传可在六角堂中的柳树枝上绑上诗签，即可求得良缘呢！

亲子记忆保鲜盒

造访拥有众多世界遗产与传统建筑的日本京都，当然要体验一下穿上日本传统服饰，并漫游在古色古香的传统房舍街道上，留下一张张合照。现在身着和服游京都似乎变成是所有观光客必做的一件事，不管是男生、女生，甚至小孩，和服、浴衣都可以租借，只要事前预约，就会由专人协助穿着打扮，通常租借的时间都以一日计费，足够大家将京都几处重要的景点合影留念。至于和服体验可选择的店家有许多个，大家挑选时的重点，除了价格之外，就是要留意款式的选择，若是要帮小孩租借，记得要问一下小朋友的款式是否足够。

体验日本传统和服

Chapter 7 京都奈良神户开心游

亲子记忆保鲜盒

Chapter 8

名古屋消暑趣

爸妈上手度 ♥♥♥♡
语言沟通度 ★★★☆
交通便利性 ♥♥♥♡

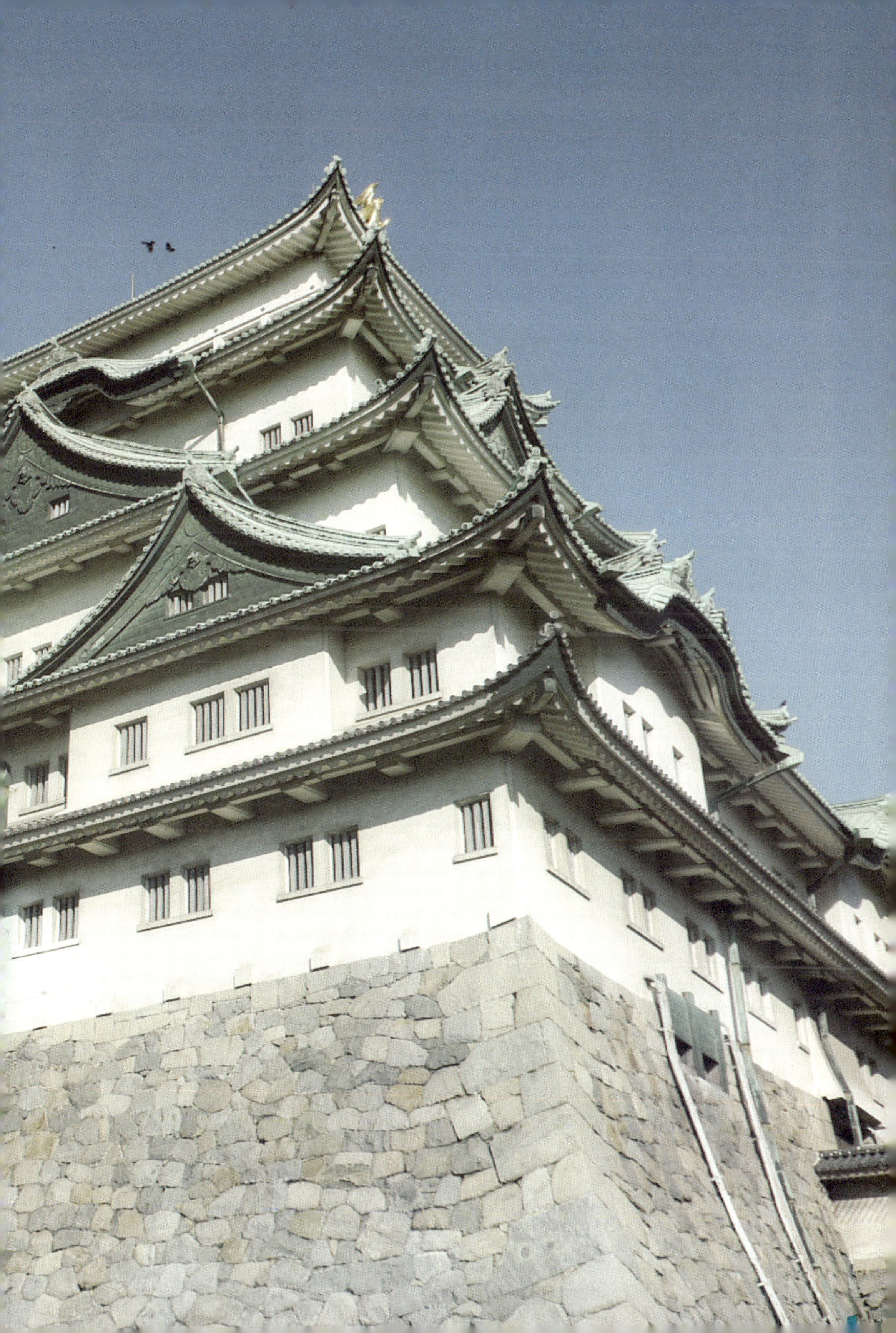

📍 行程推荐

五天四夜行程推荐

Day 1
日本中部国际机场 → RINIA 铁道馆
→ 名古屋电视塔 & 宇宙船绿洲 21

Day 2
丰田产业技术纪念馆  
→ 则武森林 → 名古屋城 → 德川美术馆

Day 3 
名古屋港水族馆
→ 大须商店街

Day 4 
长岛温泉乐园
→ 三井 Outlet Park → Sky Promenade

Day 5 
东山动植物园
→ 日本中部国际机场

Tips
从名古屋中部国际机场进到名古屋市中心的交通方式，大多数人会选择搭乘地铁或巴士为主，带小朋友的话，建议选择可以直达的巴士，虽然车程的时间可能会比地铁多出一倍，但可以省下转车时间及拉行李的力气。

Winnie 的旅游攻略 → 以 5 天为行程的名古屋之旅，建议初访名古屋的朋友先把市区的重点行程玩一遍。至于住宿的地点，大多数人都会选择荣町商圈，加上中部机场就有巴士可以直达，相当便利，重点是荣町商圈这边是名古屋最热闹且好逛的区域，如果想要晚上还要逛街，可以选择荣町商圈附近的饭店选择入住四晚的续住费用会比较便宜。

四天三夜行程推荐

Day 1 日本中部国际机场 → 名古屋城 → 名古屋电视塔&宇宙船绿洲 21

Day 2  名古屋港水族馆 → 大须商店街

Day 3 RINIA 铁道馆 → Sky Promenade

Day 4 东山动植物园 → 日本中部国际机场

Chapter 8 名古屋消暑趣 — 行程推荐

Tips
如果只排四天在名古屋玩，那么就建议不要再往外县市跑了，就以市区的景点为主，以省下许多坐车时间。另外，一定要选离地铁站步行距离短的饭店，方便每天早晚缩短往返饭店的时间，且能增加更多宝贵的时间在景点上。

交通票券购票篇

名古屋是日本第四大城市，仅次于东京都区部、横滨市及大阪市，因人口密度高，其地铁的覆盖率及便利的大众交通工具也算是相当完善。

就从中部国际机场开始来看，机场选择搭乘进到名古屋市中心的名铁电车有 4 种，最快的一种是 μSky 快速特急的对号列车，仅需 28 分钟即可抵达名古屋站，另外还有准急、急行及特准三种。因为中部机场并没有 JR 的业务，所有的电车都是由名铁所经营，所以，若需要搭乘 JR 转乘至其他地区的游客，就只能进到名古屋站或金山站才能转搭各线的 JR 列车，或者选择机场各线的市区直达巴士，不用换车即可抵达名古屋市中心及主要饭店。

一般通往名古屋荣町的机场巴士，进到市区的行车时间约 1 小时，费用与名铁的快速特急差不多，但车程时间略长一些，优点就是可以省去换车的麻烦。而在市区内的景点交通，大多人还是会使用地铁作做为最主要的代步工具。在名古屋也有像关西及关东等区域推出适用于中京圈及名古屋市范围内的预付储值卡 TOICA，它是由 JR 东海发行，可用来支付各种公共交通的车费、自动贩卖机跟商店，不过目前已与 Suica、ICOCA、PASMO 等日本普遍的 IC 卡互相兼容，也不一定要单独的购买此卡，如果有上述大家常用的几张交通卡，都可以在名古屋使用。再来就是交通票券部分，有了下面这几张套票，就可以在名古屋开心游了。

地铁一日乘车券及周末环保券

名古屋市营地铁共有 6 条主要的路线，包括东山线、名城线、名港线、鹤舞线、樱通线、上饭田线等路线，市区内的主要观光点都可以由地铁站步行抵达。

地铁的单程票价最少以 200 日元开始收费，如果一天会利用到 3 次以上，建议你一定要购买这个方便的地铁一日乘车券。这种票券在平日周一至五才出售，仅能搭乘全市的地铁电车，若还需配合市内的公共巴士，则可购买"巴士及地铁一日乘车券"，另外周六、日则改卖"周末环保券"，等同于平日所出售的"巴士及地铁一日乘车券"，但费用较为便宜，其目的是为了鼓励大家可以在假日时多用大众交通工具出门，达到节能省碳的环保概念，而这些票券都可

以在各地铁站内的自动售票机购得。

大部分自动售票机都有多国语言的选择，唯一要留意的是，在购买时，要区分平日或假日的票券种类。

名古屋市也有针对外国旅客所推出的特别限定交通票券"升龙道一日券"，它就等同于周末环保券可搭乘名古屋市地铁、巴士及 ME～GURU 观光巴士，且不限定周末使用，贩售的地点在中部国际机场的日本旅游中心即可购得，但有限制需要出示护照，且仅出售成人票，每人限购 2 张，但由于可覆盖到主要的大众交通工具，还是非常值得。

名古屋观光游览巴士

名古屋观光游览巴士 ME～GURU 也有推出自己的无限制次数一日券，还提供部分观光设施景点优惠折扣，如果要游览名古屋市内人气景点的话，这种一日券是很不错的选择。因为平均每趟观光巴士车费为 210 日元，无限次的一日券仅需 500 日元，只要搭超过 3 次以上就回本了。而且观光巴士的车次频繁，从名古屋车站开始，由上午 9 点 30 分发车到下午 3 点 30 分，每半小时到 1 小时就一班做循环的景点接驳，只要算好预计前往的景点及停留就能为名古屋之旅创造更高 CP 值效益。

KINTETSU RAIL PASS Plus 近铁五日券 plus 版

此券建议大家用在较多日的旅程中，若是只有 5 日短短的日本行程，还是建议以不超过 2 个县市的景点为考虑，而此券是近铁周游券的进阶版，可以跑的地方更多、更远，包括由名古屋为起点，欲前往伊势、奈良、京都、大阪、三重的旅客，都可以考虑利用，且还包含了往返机场的兑换券 2 张，是提供往返中部国际空港及名古屋的交通券，或者是关西空港及难波站的交通券，也可以由中部国际空港进名古屋及由难波站到关西空港回这样的两个机场与主要车站的交通票券，这可是一般版的近铁周游券所没有提供的附加优惠，出售的地点在中部国际空港的 2 楼大厅名铁旅游广场或关西空港第一航厦及 BIC CAMERA 名古屋站西店等。

景点介绍

名古屋港水族馆

名古屋港水族馆拥有 50,000 只以上的海洋生物，堪称是世界级的超大型水族馆，主要的展区分成北馆及南馆两大馆，馆内除了展示饲养着超过 500 种海洋生物，还可以在这里看到鲸、豚等可爱的人气动物表演并与其互动。

北馆有黑潮大水槽及水中隧道，可以看到不同洋流里的生物群，提供了原始生物的进化史及神秘的极光秘密，以及以"35 亿年追溯旅行"为主轴的海洋旅行；而南馆展示的是由名古屋至南极路线中的五大水域，包括日本海、深海、赤道之海、澳大利亚水域、南极海等水域中的海洋生物介绍，另外还有 IMAX 的海洋剧场，提供游客体验"南极旅行"的亲身感受。

定期的海豚表演秀，称为世界上最大的海豚水上华丽秀，多只训练有素的海豚表演让人印象深刻，忍不住想起立为它们拍手叫好，是亲子同游名古屋再适合不过的景点了。

建议游玩时间： 半天

- **地址** 名古屋市港区港町 1-3
- **电话** +81-5-2654-7080
- **网址** www.nagoyaaqua.jp
- **时间** 09:30～17:30（周一休馆）
  日本黄金周、夏季连假期间，09:30～20:00；冬季09:30～17:00
- **交通** 在地铁东山线荣站，换乘前往金山方面（名古屋港方向）的名城线，终点下车或在名铁、JR 金山站下车，换乘名港线（名古屋港方向），终点下车。
- **价格** 成人 2,000 日元，高中生 2,000 日元，中小学生 1,000 日元，儿童（4 岁以上）500 日元
- **育婴室** 在水族馆内的南北馆二楼各有设置专门的哺乳室及热水的提供，另外，每个厕所都提供换尿片的简易平台设备。

Chapter 8 名古屋消暑趣 景点介绍

▲ 可爱的小白鲸

▲ 巨大的虎鲸

必游原因

水族馆总是带给大人与小孩无尽的欢乐及探索生命的教育意义,在这里,可以了解不同的海洋生物的美丽及生命奥妙之处,其中的表演秀深受游客的欢迎,除了有海豚表演,还有小白鲸及企鹅等不同的主题秀,让游客可以更进一步与这些可爱的海洋生物做近距离接触。企鹅散步的游行是冬天限定的表演活动,非常值得一看。

159

名古屋电视塔&宇宙船绿洲21

名古屋电视塔位于名古屋的市中心，最热闹的荣町商圈旁边，是日本最早完工的一座集电波发射电波塔，但由于塔龄较老加上发射的电波天线强度不足，已于2011年结束了电波塔的工作使命，目前仅供游客参观用。

电视塔在初落成时还获得了"名古屋埃菲尔铁塔"之名号，总高度达180米，位于距离地面高度100米的空中展望台，可以眺望铃鹿山与伊势湾，现在除了登录为日本国家有形文化财产之外，由于夜晚浪漫的气氛加上绚烂的灯光点缀，亦选定为"恋人圣地"。

另外，与浪漫美感冲突的现代科技绿洲21水上宇宙船，是建筑史上一大特色，绿洲21这个超炫丽的地标建筑物，是由葛西秀树先生所设计建造而成，共3层的绿洲21，最顶楼称为"水之宇宙船"、中间则为"绿色大地"、最下方则是"运动广场"，是个交通巴士的转运站、复合式购物商场及环保经典特色建筑代表景点。

建议游玩时间： 傍晚之后1~2小时

- 地址 名古屋市中区锦3-6-15
- 电话 +81-5-2971-8546
- 网址 www.nagoya-tv-tower.co.jp
- 时间 1月~3月10:00~21:00；4月~12月10:00~22:00
- 交通 地铁东山线荣站下车徒步3分钟或地铁樱通线久屋大通下车，南检票口4B出口即是
- 价格 成人700日元；儿童300日元
- 育婴室 绿洲21的购物商场厕所里提供简易的换尿布平台设施，但没有专门的育婴室，可以到名古屋电视塔的1楼及4楼，多功能的厕所可使用。

Tips

从地铁站出口可直接通往绿洲21的正下方楼层，也可以搭乘交通巴士至绿洲21的巴士站（位在绿洲21内），如欲前往顶楼或各楼层，都有电梯的乘载服务。另外，由于不同季节和节庆日，点灯时间及灯光颜色都会略有不同。

▲ 水之宇宙船

▲ 绿洲21顶楼及电视塔

Chapter 8 名古屋消暑趣　景点介绍

必游原因

位于名古屋荣町、大须的热闹商业区旁的名古屋电视塔及绿洲21，是许多人必访的夜间景点之一，因为晚上点灯后换上华服的电视塔与绿洲21准备起飞的宇宙船耀眼夺目的光芒，让整个名古屋夜晚充满了浪漫又科幻的景致，推荐大家一定要在晚上造访绿洲21的顶楼水之宇宙船楼层，在这里，可以透过中央的透明大水池，拍出电视塔的倒影美景，美不胜收的回忆照片绝对值得珍藏。

名古屋城

位于爱知县名古屋市里的名古屋城是日本百大名城之一，也是与姬路城、熊本城并列日本三大名城之一的名城。最著名的就是在城上悬挂着一对龙首鱼身的"金鯱"设计，所以又称为"金城"或"金鯱城"。这对攀附在名古屋城天守阁上的"金鯱"，在城堡初建时期是用来防火辟邪，后来则成为城主权力的象征，第二次世界大战末期时，名古屋城曾遭受到炸毁，但这对金鯱并没有受到太大的毁坏，后来在重建时才又把它再次挂回屋顶上，重现当年的模样，代表著名古屋城的浴火重生，而重建的大天守阁，目前则改为地下一层及地上七层的建筑物，城里的1~5楼是各种关于名古屋城的历史文化展示区，而位于7楼的展望室，可登高望远欣赏到城内外风光美景。

特别是以名古屋城为中心的名城公园内，一年四季都有名花争艳，城内不定时也会举办各种活动，又或者可以在知名的城内山水庭园"二之丸庭园"内来个日式的下午茶，都是非常特别的体验。

建议游玩时间： 1~2小时

必游原因

名古屋城是日本游客造访人次第六多的城池，来到名古屋市，大家都会想要亲身体验一回，爬上名古屋城，将名古屋市的美景以环绕360度的方式全都记录下来。其实名古屋城也是个赏樱场所，每年3~4月樱花盛开时，是许多人必访的热门景点之一，另外还有杜鹃花展及秋季菊展，都是很有人气的参访时节。

- 地址　名古屋市中区本丸 1-1
- 电话　+81-5-2231-1700
- 网址　www.nagoyajo.city.nagoya.jp
- 时间　09:00～16:30
　　　 12/29～1/1（四天）为休馆日
- 交通　地铁名城线市役所下车步行 5 分钟或鹤舞线浅间町下车步行 10 分钟或名古屋观光环状线公车 ME～GURU 即可抵达
- 价格　成人 500 日元，中学生以下免费
- 育婴室　名古屋城内部分厕所提供换尿布的平台，但没有专属的育婴室或哺乳室。

Tips

1945 年的第二次世界大战空袭中与天守阁一起遭到焚毁的本丸御殿，经历了多年的修复，终于在 2013 年开放了部分以木造古法重现的建筑原貌。这个曾誉为日本国宝的本丸御殿，里面存放着许多丰富的文化史料，复原后的御殿内部重现了 400 年前的本丸御殿威容，不过因为是全木头打造的桧木建筑，所以入内时必须脱鞋，婴儿车也无法进入。

Chapter 8　名古屋消暑趣

景点介绍

1　名古屋城门票售票区
2　历史文化展示区
3　名古屋城天守阁

163

名古屋市给人的印象是充满艺术及知性美的城市，而要感受这份知性之美，市区内有个绿荫盎然的复合式博物馆艺术景点，1904 年建立的则武森林，其前身是间制土工厂，后来才改建为观光工厂，也因为世界级的陶瓷器制造商则武而闻名。

在这里，可以体验到世界高级的陶瓷品牌文化所带来的美感，而在这个保存完好的红色砖瓦工厂散步起来非常舒适及惬意；园区里除了战前陶瓷器展览博物馆和美术馆外，还可以体验彩绘的工艺中心，也可以亲子一起了解、观摩陶瓷器制造过程。园区里提供咖啡厅可以稍作休息，另外就是可以享受购物乐趣，挑选精致的陶瓷器、杯盘组带回家。

建议游玩时间：2～3 小时

则武森林

心游原因

则武森林除了明治时代保留下来的红砖建筑，还有烟囱、森村及大仓纪念馆，都获选为"近代化产业遗产群"。先撇开这些历史价值的因素，这里的四季美景都让人为之惊艳，尤其是枫叶红了的秋天，整片的红叶配上蓝天还有红砖建筑，场景就像是偶像剧的取景圣地，让人忍不住地按快门。

- **地址** 名古屋市西区则武新町 3-1-36
- **电话** +81-5-2561-7290
- **网址** www.noritake.co.jp
- **时间** 购物商店10:00～18:00（瓷盘彩绘、森村、大仓纪念馆到17:00），周一休馆
- **交通** 地铁东山县龟岛车站 2 号出口出来，步行 5 分钟即可到达，或搭乘名古屋观光巴士在 Noritake Garden 下车即是
- **价格** 免费
- **育婴室** 园区内没有提供专门的哺乳室，但每个厕所都设置换尿布的平台。

Tips

许多人来这都会选择 DIY 彩绘体验，彩绘的商品有各式各样的杯盘、花瓶，还有艺术布置品等，以难易度来看，盘子绘画的技巧比较简单，孩子可以在上头天马行空地创作，但作品是无法当场就带回家，因为还需等候烧制，过程大约 3 周，可填写国际空运单，当作品完成后，彩绘中心就会帮忙寄送到大家的手上了。

美食分享

世界的山将

名古屋的炸鸡翅文化无人不知、无人不晓，出售炸鸡翅的店在名古屋车站附近就有上百家，虽然最早是由"风雷坊"推出炸鸡翅料理所带动，但目前较为熟悉的则是在日本名古屋发迹，并于日本全国都有设点的"世界的山将"。

这个号称梦幻炸鸡翅（幻の手羽先），好吃的关键是店家坚持选用30天的鸡的两节翅来作为食材，并用独特的辛香料，让鸡翅呈现肉质鲜嫩、外皮酥脆又咸香的口感，超适合当配酒的小菜。而店家还发明了一套吃鸡翅的轻松吃法，只要将炸鸡翅用牙齿咬住前端后，顺势往后一拉，即可将鸡肉留在口中。

来到这里，平均每个人吃10个炸鸡翅才能满足，听说最高纪录是有人一口气就吃了50个炸鸡翅，可见它的美味度真的是名不虚传。

其实，世界的山将并不是炸鸡翅专卖店，而是居酒屋，所以下班时间后就成了大家小酌及聚餐的地方。除了炸鸡翅之外，店里还有味噌炸猪排串、名古屋味噌乌龙面、鳗鱼饭等人气美食，是到名古屋必吃的美食首选，因为在荣町地区就有许多分店，这里仅介绍靠近名古屋塔附近的分店，大家可以看完夜景拍照后去吃炸鸡翅，或者选择外带买回饭店享用，都是不错的选择。

▲ 世界的山将-手羽先

- **地址** 日本爱知县名古屋市中区锦3-15-1
- **电话** +81-5-2971-2276
- **网址** www.yamachan.co.jp
- **时间** 平日 17:00~03:00
  假日 17:00~00:15
- **交通** 电车地下铁荣站2号出口或久屋大通站3号出口步行2分钟

Komeda Coffee 咖啡店

- 地址　名古屋市中区荣 3-8-8
- 电话　+81-5-2243-2021
- 网址　www.komeda.co.jp
- 时间　周一～周六 07:00～23:00
　　　　周日及假日 07:00～21:00

　　名古屋的早餐文化是让人津津乐道的话题之一，这里到处都充满了咖啡香气。这间 Komeda Coffee（コメダ珈琲店）在名古屋市非常有名气，原因除了本身的咖啡好喝之外，分店数量也占全国最多，光是在名古屋市内就有 129 家连锁店，究竟是有什么魔力可以让大家准时每天早上报到呢？答案就是"喝咖啡送免费早餐"！这个有趣的早餐文化就是由名古屋 Komeda Coffee 首创的风潮，只要在每日上午 11 点前点饮料，就可以获得一片厚片奶油吐司和水煮蛋，这样超值的早餐去哪儿找呢？所以，来到名古屋一定要来试试这个特别的早餐文化，甜点的部分有机会也可以尝尝，它是会让人留下深刻印象并且想再访的一家咖啡店。

▲ 可口美味甜点　　▲ 水煮蛋和红豆吐司　　▲ 连菜单都很美

亲子血拼胜地

大须商店街

▲ 大须观音寺

大须商店街被称为日本第一充满活力的商店街，因为这里聚集了很多不同国家的文化及美食，而且又是 Cosplay 的发源地；每年名古屋都会举办大型的国际 Cosplay 活动，汇聚了全世界 Cosplayer 爱好者，已成为名古屋每年夏季最受欢迎及注目的经典活动。

在这条有 400 年以上历史及总长超过 1,700 米的商店街上，共有 1,200 多家店铺商家，包括各式各样的餐饮店、服装店、二手衣店、杂货店等，不论男女老少，都可在这里找到适合的服饰及商品。过去，这里本来以大须观音寺庙的聚集商圈而存在，提供了许多艺能传统的产品，现在则是整顿设计成为外国观光客也能喜欢及朝圣拜访的购物商店街。

在这里可看到日本的百元商店到处都是，要推荐的是位于大须商圈里的 Seria 百元生活杂货连锁商店。这家店在日本有许多分店，特别会介绍是因为店里提供的商品种类及质感都比一般的百元商店要好，而且有很多迪士尼的周边商品及儿童用品，值得一逛。

Tips

商店街大多没有提供退税的服务，而且只收现金，无法刷卡，除了比较大型的量贩店或电器店可能会有退税或刷卡的服务，建议大家在消费结账前最好先确认一下。

- 地址　名古屋市中区大须
- 电话　+81-5-2231-6525
- 网址　inbound.nagoya-osu.com/hn
- 时间　10:00～20:00 各家店铺有所不同
- 交通　地铁鹤舞线大须观音站下车 2 号出口，步行 2 分钟。

三井 Outlet Park 爵士之梦长岛

- 地址　三重县桑名市长岛町浦安 368
- 电话　+81-3-5927-9320
- 网址　www.31op.com/nagashima/tw
- 时间　商店 10:00-20:00；美食广场平日 11:00-21:00，假日 10:30～21:00
- 交通　从名古屋站搭乘巴士最快 50 分钟，或从桑名站搭乘巴士约 20 分钟，或从新特丽亚中部国际机场出发最快约 80 分钟（在名古屋站转车，另有巴士直达约 60 分钟）。

到日本，大家最喜欢血拼的地方就是购物中心 Outlet，名古屋市内虽然有很多大型的百货，但较近的购物中心通常在三重县的三井爵士之梦长岛或者是岐阜县的 Toki Permiun Outlet。就以距离来说，三重县的三井爵士之梦长岛距离名古屋近一些，加上可以自名古屋车站搭乘直达巴士，约 50 分钟即可抵达，相当便捷。

一旁紧邻的就是长岛 SPA 乐园及温泉饭店，还有小朋友最爱的面包超人博物馆，很适合假日带小孩出门兼购物。爵士之梦长岛风格就是很标准的三井欧洲建筑设计，两层楼的建筑还添加了许多音乐主题设计的艺术装置，超过 200 家各品牌店铺，认真逛起来一整天都逛不完。

在美食广场，也有许多名古屋的必吃美食，包括矢场とん味噌猪排、鸡三和亲子丼、宫きしめん、稻生鳗鱼饭等，如果是爱逛街的人，一定不能错过这个好逛又好玩的爵士之梦长岛购物中心。

Tips

爵士之梦长岛购物中心基本上全年都享有折扣，不过，每家店提供的折扣数不相同，重点是，就算是已有折扣价，但至少一半以上的店家还能再享免税的优惠，难怪大家会在这里疯狂购物。

这里的童装品牌大多是以精品的名牌童装为主，平价的也有但是数量上并不多；如果喜欢英国品牌 Cath Kidston 倒是可以在这里挑上一轮特价的商品，非常划算，不管是送人还是自用都可以买得很过瘾。

🌷 Winnie 的私房景点

名古屋的夜生活没有像东京或大阪那么的绚烂，而是多了一些平淡和高雅，但这不代表晚上没有景点可以去，有个比名古屋电塔展望塔还高的地方，可以更清楚欣赏到整个名古屋市区全景，那就是位于 JR 名古屋站对面的 MIDLAND SQUARE 46 楼的 Sky Promenade，这里才是看名古屋夜景的胜地。

从 1 楼搭乘快速电梯抵达 41 楼后，还得再通过一个室内的手扶梯，才能抵达位于 42 楼的售票处。在搭乘透明电梯前往 41 楼这段的夜景已让人够惊喜的了，除了是完全免费搭乘，还可以欣赏到号称双子星塔的 JR 车站全景。若要进到空中展望台，才需在售票处购买空中展望台的门票费用。46 楼的半露天夜景展望台有 360 度环绕的大片落地玻璃围绕着，整个名古屋的市景尽收眼底，而且视野超级辽阔，单凭肉眼不需任何的工具辅助，即可看到迷你版名古屋市电塔及名古屋城在你的脚下，浪漫气氛下的百万灯火夜景怎能不来欣赏呢！

📍 地址	名古屋市中区名站 4-7-1
📞 电话	+81-52-527-8877
🌐 网址	midland-square.com/sky-promenade
🕐 时间	11:00～22:00（随季节更改入场时间，请参阅官网）
💰 价格	成人750日元；中学生500日元；小学生300日元（限当日入场一次）

Sky Promenade

◀ JR名古屋车站（双子星塔）

亲子记忆保鲜盒

收集限定的明信片

说到名古屋，除了超多好吃的美食之外，第一个想到的应该就是名古屋城吧！朝圣拍照之余，还有什么方法可以把它带回家呢？方法很简单，在日本，各县市都有限定的明信片，而在爱知县这里也有限定的名古屋城明信片，买一张明信片寄回家给自己或亲朋好友，绝对是个非常棒的旅程回忆。当然，还有更好的方法，可以考虑买一本日本百大名城的收集簿，就从名古屋城开始收集吧！

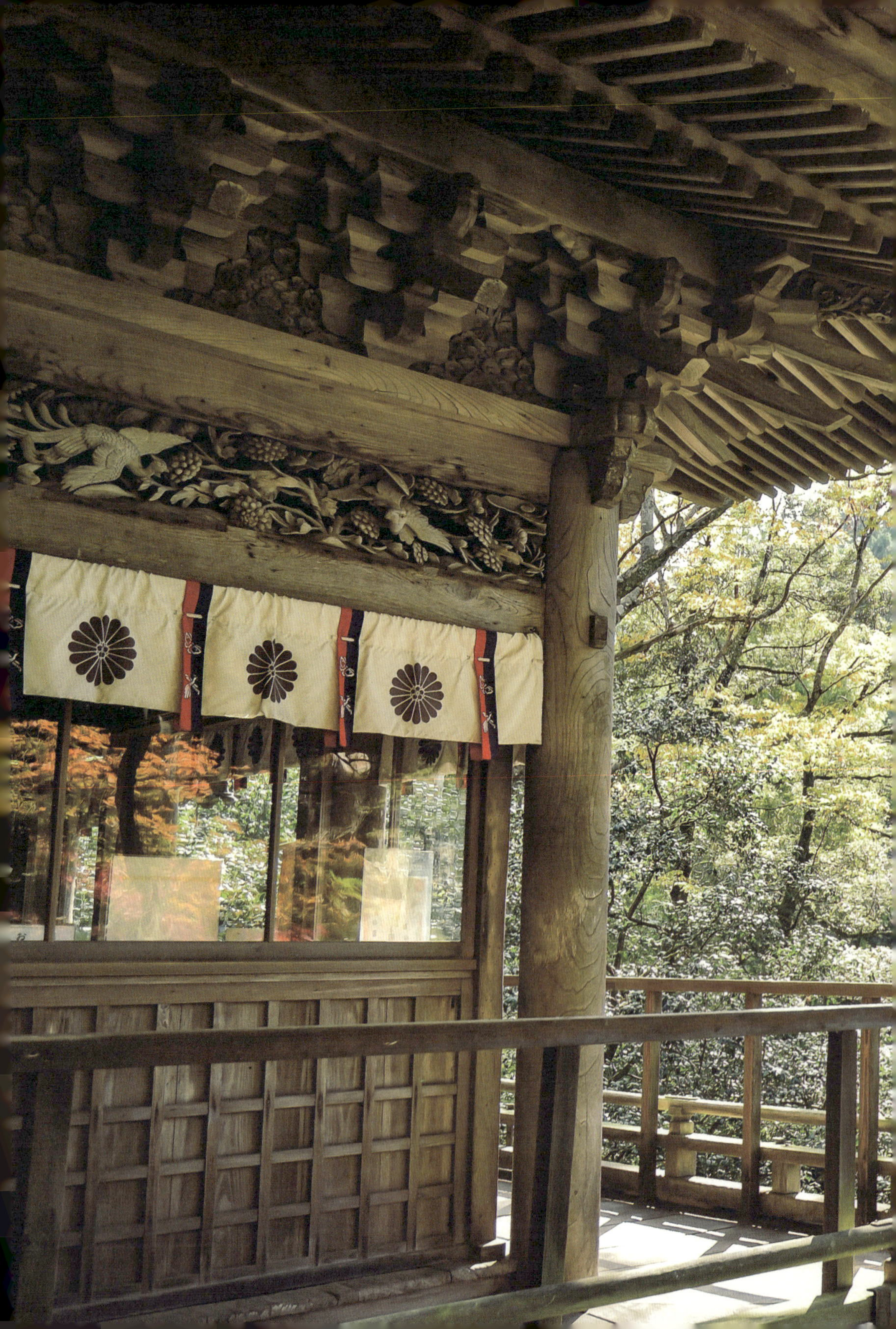

Chapter 9

东京乐游博物馆

爸妈上手度 ♥♥♥♥♡
语言沟通度 ★★★☆☆
交通便利性 ▲▲▲▲▲

行程推荐

五天四夜行程推荐

Day 1 东京成田或羽田机场 → 新宿 → 东京都厅

Day 2 三鹰之森吉卜力美术馆 → 吉祥寺

Day 3 藤子·F.不二雄博物馆 → 台场 DECKS Tokyo Beach → 西松屋

Day 4 安藤百福发明纪念馆 → 面包超人博物馆 → 新横滨拉面博物馆

Day 5 明治神宫 → 原宿 → 表参道

Winnie 的旅游攻略 → 飞往东京（关东地区）的航班选择很多，不管是传统航空还是廉价航空，只要是最符合自己时间，配合经济效益最高的，也就是最佳的选择。传统航空有时也有促销的优惠方案，像是团进团出的自由行行程，也是另一种方案，缺点是只能就航空业者配合的饭店中去做选择，通常越便宜的饭店搭配组合可能就会离市区越偏远，看大家如何自行取舍。

四天三夜行程推荐

Day 1
东京成田或羽田机场
→ 原宿 → 表参道

Day 2
藤子・F. 不二雄博物馆
→ 台场 DECKS Tokyo Beach
→ 西松屋

Day 3
安藤百福发明纪念馆
→ 面包超人博物馆
→ 新横滨拉面博物馆

Day 4
三鹰之森吉卜力美术馆
→ 吉祥寺

Tips
在四天的行程中要跑完所有的博物馆行程会比较紧迫一些，尤其还需要一整天坐车到横滨，建议选择飞往羽田机场的班机，就可以省下一些往返机场和市区的时间，毕竟争取到一些时间就能多玩一些。

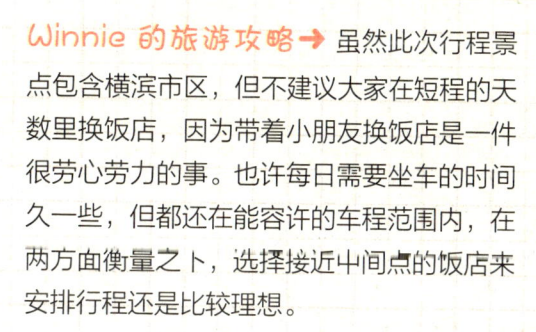

Winnie 的旅游攻略 → 虽然此次行程景点包含横滨市区，但不建议大家在短程的天数里换饭店，因为带着小朋友换饭店是一件很劳心劳力的事。也许每日需要坐车的时间久一些，但都还在能容许的车程范围内，在两方面衡量之下，选择接近中间点的饭店来安排行程还是比较理想。

Chapter 9 东京乐游博物馆 — 行程推荐

交通票券购票篇

在前面"东京迪士尼双乐园"的交通票券购买篇已经介绍了东京地铁及 Suica 的使用方式，延续东京的旅程，这篇将介绍往返成田机场与羽田机场便利的电车快线资讯给大家参考。

其实往返两个机场及市区的方式有很多种，为了节省时间，最快的方式就是搭乘特快线的列车，是最为便利也最为舒适的，相对的，价格也较高，但两种快线不定期会推出单程或往返的特别优惠，建议大家可以在出发前上官网查询最新优惠讯息。

往返成田机场的 N'EX 机场快线

成田特快 N'EX 可由成田国际机场的三个航站直达日本东京圈内的主要地点，例如：东京、品川、涩谷、新宿、池袋、横滨等，中途不需要换车，直接从成田空港的 JR 售票处或者是 JR 东日本旅行服务中心出示护照（非日本护照），即可购买外国籍旅客的优惠来回票券。

搭乘成田特快 N'EX 从机场抵达东京车站只需 53 分钟，由于车次多且每隔 30 分钟就有一班车，所以也成为最多游客使用的一种特快电车交通票券。

N'EX 全车皆为对号指定座席，没有站票，大人（12 岁以上）需购买成人票，儿童（6～11 岁）则需购买儿童票，5 岁以下的幼儿不占位即不收费。另可指定回程的车次时间，只要事先规划好行程，皆可于购买时同时预订回程的座位。

往返羽田机场的 Monorail 单轨电车

羽田机场其实离东京圈市中心更近，从羽田机场入境之后，即可转搭联结 JR 山手线的 Monorail 单轨电车，从羽田机场搭乘到 JR 滨松町站转车仅需 13 分钟，再由 JR 滨松町站转搭 JR 电车或都营地铁大江户线和浅草线的大门站抵达东京市区，30 分钟内即可抵达首都圈。JR 滨松町站就在东京铁塔的不远处，站在月台上还可以眺望东京铁塔的身影。

购票方式除了可以于自动购票机购买之外，也可以使用 IC 卡（即 Suica）支付车费，逢周六、周日、假日及特定日亦提供"单轨电车&山手线内优惠票"，从羽田机场国际线大楼站至 JR 山手线内的任一站下车，都只需 500 日元，性价比相当高。由于这是非指定座席列车，加上单轨电车的空间较小，有时会比较挤一些，回程也没有提供事先购票的服务。

旅游票券购票篇

Lawson 便利商店及 Loppi 的操作

日本的博物馆很多都是采取事先预约制，不提供当日售票的服务，此次介绍的主题中，就有两个景点是需要预约购票的，包括三鹰之森吉卜力美术馆及藤子·F. 不二雄博物馆，如需在日本国内购票的话，那么一定得先认识日本知名的 Lawson 便利商店及它们的购票机器 Loppi，下面会列举如何进行操作 Loppi 购买藤子·F. 不二雄博物馆的票券方式，提供大家参考：

❶ 首先，找到一家 Lawson 便利商店。在日本，它是市占有率第 3 名的便利商店，目前共有一万多家，在车站附近一定都能找得到它。

❷ 接着进入 Lawson 找到 Loppi 多功能自动售票机。

❸ 如果是先在网上预定票的朋友，直接选取博物馆票券选项，并输入预约门票的号码，再缴费即可。目前这个网上预定票券限三日内需至门市付费取票，也可以选择现场购买。

❹ 选取博物馆票券后，即可选择日期、场次时间及票券张数（藤子·F. 不二雄博物馆是每月 30 日发售下下月的门票；三鹰之森吉卜力美术馆则是每月 10 日发售下月的门票）。

❺ 确认订购的日期、时间、张数后，要求输入姓名（可请店员协助）及电话。

❻ 列印出缴费单后的 30 分钟内至柜台缴费，换取正式的参观票券即可。

Tips

三鹰之森吉卜力美术馆的门票在寒、暑假容易一票难求，如果怕抢不到票，可以通过国内的指定旅行社先预约门票较为保险。一般旅行社可购买 3 个月之内的门票，每人最多限购 9 张，票价比日本当地购买约乎贵一倍，但优点是保证可以入园并且没有场次时间的限制，所以如果担心买不到票的朋友，也可以多花点钱。

景点介绍

面包超人博物馆

　　面包超人是日本漫画家柳瀨嵩笔下的人物，在日本具有超高的人气，还曾连续5年蝉联"最喜欢的卡通人物"综合第一名，因此在日本有很多周边商品都印有这个可爱的圆脸超人图案，还有为它所创建的"面包超人博物馆"，日本目前共有五家，包括高知、仙台、神户、名古屋及横滨市都有设馆，也因横滨距离东京市区的交通车程时间仅需半小时左右，因此横滨面包超人博物馆也成为亲子旅行热门景点之一。

　　楼层共三层的面包超人博物馆，里面除了展示许多面包超人的静、动态立体公仔之外，还设有互动的游戏唱跳及游戏空间，其中还有动画剧场及说故事教室，让每个小朋友进来都舍不得离开。另外，在博物馆的复合商场里，还有超过20家与面包超人有关的店铺及限定商品，还吃得到许多面包超人制成的特色美食呢！

建议游玩时间：4～5个小时

▲ 面包超人的纪念品

- 地址　横滨市西区 Minatomirai 4-3-1
- 电话　+81-4-5227-8855（咨询时间 10:00～18:00）
- 网址　www.yokohama-anpanman.jp
- 时间　10:00～18:00
- 交通　港未来 32 线（Minatomiral Line），新高岛站 2 号出口步行 15 分钟
- 价格　1500 日元（1 岁以上就要收费）
- 育婴室　馆内一共有 3 处育婴室，里面设备完善，也提供热水。

Chapter 9 东京乐游博物馆 景点介绍

必游原因

　　馆内有很多为小朋友而设的游乐设施，定期表演时，面包超人跟他的朋友还会出现与大家见面拍照。

　　不仅是小朋友，连爸爸妈妈也会被这欢乐的氛围所感染。在这里，除了可以认识各个角色人物之外，最棒的体验应该就是可以大口吃面包超人的面包吧！可爱的圆圆小脸里面包着甜甜的红豆馅，让人舍不得咬下一口。建议如果时间允许，一定要到"果酱叔叔面包店"里用餐或买面包。

Tips

主题馆内不可以使用婴儿推车，必须停放在指定的停车处。馆内禁止饮食，但婴幼儿的食品除外。馆内的 1 楼和 2 楼都设有饮水机，1 楼商店区还有专属的儿童游戏室，里面有很多玩具可以供小朋友玩乐。

179

> **必游原因**
>
> 吉卜力美术馆是由宫崎骏亲自设计的，馆主就是漫画家及动画导演宫崎骏本人，即使这个美术馆已在日本开馆超过 15 年，但是每日的游客还是络绎不绝，馆内不定期还会举办各种动漫的画展。最值得收藏的就是吉卜力美术馆的门票，它是由宫崎骏的动画胶片制成，每一款都不一样，想收集成套，可能要去上百次吧！

列为世界必访十大博物馆之一的三鹰之森吉卜力美术馆，也是唯一以宫崎骏动画作品为主题的博物馆，位于距离东京不远的吉祥寺旁的都立井之头恩赐公园内。

走进这座充满着宫崎骏魔法世界的美术馆，就像进到宫崎骏动画的奇幻世界，绿草包围整座三鹰之森吉卜力美术馆的外墙，像极了天空之城中，飘浮在天空的城堡，馆内展出了许多宫崎骏经典动画的手稿、模型及场景，甚至还有从未曝光的宫崎骏短片。

参观时是无法摄影拍照的，但是能亲眼见证到动画世界里的许多真实场景，也满足了每个大人及小孩心中的纯真愿望。馆外开放部分可以摄影的地点供游客拍照留念，像是在屋顶上的天空之城机器人士兵，还有一样是天空之城里的拉普达的中枢石碑，让宫崎骏迷为之疯狂。

建议游玩时间： 4～5 小时

三鹰之森吉卜力美术馆

Tips

为了控制入场的人数及保证参观的优质体验，吉卜力美术馆不开放现场购票，所有的场次仅通过日本当地的 Lawson 便利商店购买指定日期及场次的门票，每天仅固定开放 4 个场次的入场时间，迟到 30 分钟以上不得入场。怕买不到票的朋友，可以通过旅行社购买入场预约券。

1 三鹰之森吉卜力美术馆的接驳巴士站
2 可爱笑脸的水沟盖
3 美术馆外观
4 天空之城的机器人士兵

- 地址　东京都三鹰市下连雀 1-1-83（都立井之头恩赐公园西园内）
- 电话　+81-5-7005-5777
- 网址　www.ghibli-museum.jp
- 时间　10:00~18:00（一天共有四个场次入馆，10:00/12:00/14:00/16:00）
  在指定时间开始的 30 分钟内入馆，离馆时间自由，每周二是休馆日
- 交通　搭乘 JR 中央线在三鹰站下，三鹰站的南口コミュニティ站牌搭乘，巴士车程约 5 分钟。巴士服务时间：07:20~20:00，费用为成人（单程）210 日元（往返）320 日元；儿童（单程）110 日元，（往返）160 日元。
- 价格　成人 1,000 日元；中学生 700 日元；小学生 400 日元，幼儿（4 岁以上）100 日元
- 育婴室　在馆内，有的厕所内设置换尿布台，亦有专属的哺乳室（需与服务人员登记使用）。

藤子·F. 不二雄博物馆

很多爸妈来说，从小的卡通经典人物代表绝对非"小叮当"莫属，但对现代的小孩来说，他的新名字叫"哆啦A梦"，这个由藤子·F. 不二雄大师笔下所创造的，有着万能百宝袋的神奇卡通人物，即使是历经了四十多个年头，还是一样受到大家的爱戴。位于川崎市多摩区，距离东京都内只要半小时车程的"藤子·F. 不二雄博物馆"，里面收藏的就是藤子·F. 不二雄大师毕生珍藏的漫画原稿。

展馆里一共有3层楼，1~2层都是室内的展馆，参观时禁止拍照，3层的户外空间展区才能拍照，凭票可以兑换免费的语音导览机（有中文），让大家参观时可以更加融入。另外，2楼还有动态的电影动画展可以免费欣赏，最棒的是，在这个展馆里，可以看到藤子·F. 不二雄大师的工作室，挑高的空间里收藏了近千本书籍，桌上到处都是公仔小玩具，让人更加贴近这个童心未泯的大师世界。2楼的儿童天地（Kids Space）是专为小朋友打造的游乐天地，可以让小朋友感受在天空中游玩的感觉。

建议游玩时间： 4~5小时

必游原因

很多人都梦想能够拥有哆啦A梦的任意门，在博物馆的户外展区，就真的陈列了这个大家都想要的粉红任意门，虽然没办法穿越到任何时空地点，但是能跟它拍照，幻想进入哆啦A梦的世界里，就已经是值得了。还有那漫画里常出现的水泥管空地，孩子能跟主角人物一样在里头钻来钻去的，开心到流连忘返，舍不得回家。最后值得一提的就是博物馆里展出的樵夫之泉，里面会出现"帅哥版胖虎"，是大家最想与他合照的展出作品。

Tips

藤子·F.不二雄博物馆也是采用预约制，现场没有售票服务，想参观的人一样得先通过 Lawson 便利商店预购门票，每日馆内限定开放 2,000 个名额，共有 4 个梯次时间（包括 10 点/12 点/14 点/16 点），每梯次限定 500 人，游客需于预约时间开始的 30 分钟内进入博物馆。还有个有趣的规定，馆内禁止游客携带"老鼠"进入博物馆，因为哆啦A梦最怕的就是老鼠啦！

- **地址** 神奈川县川崎市多摩区长尾 2-8-1
- **电话** +81-5-7005-5245（咨询时间 09:30～18:00）
- **网址** fujiko-museum.com
- **时间** 10:00～18:00
  休馆日：每周二、新年期间（12月30日～1月3日）
- **交通** 搭乘小田急线或 JR 南武线在登户车站下车，再搭乘接驳巴士
- **价格** 成人 1000 日元；中学生 700 日元；儿童（4 岁以上）500 日元；幼儿（3 岁以下）免费
- **育婴室** 2 楼儿童游乐场内有个育婴室，提供尿布台、热水跟洗水槽。

1 记忆吐司
2 三楼的户外拍照区
3 帅哥版胖虎

安藤百福发明纪念馆（日清泡面博物馆）

史上发明第一个杯面的速食面之父"安藤百福"就是日清食品的创办人，而安藤百福发明纪念馆就是为了让大家能更了解速食面历史及世界食品文化的演进。纪念馆里除了展示日清数十年来推出过的每一款速食面和泡面之外，还收集了世界各国的速食面包装，相当壮观且有趣。

首家是设置在大阪，后来 2011 年才在横滨开设第二家，此次要介绍的即是横滨市区的这家日清泡面博物馆。博物馆共分成四层楼，一楼是售票区和纪念品商店，二楼是展示区，三楼是 DIY 区，四楼则是有个可以让游客吃到八个国家特色口味、面条和汤头的复古 Noodles Bazaar 面条街，让大家品尝世界各地的特色面食。

另外在 4 楼还有需付费的儿童游戏空间，可以让小朋友在泡面的游乐空间玩乐及探索。此外，露天的户外平台上，可以欣赏到整片港湾美景，是非常值得一游的亲子景点。

建议游玩时间： 4 小时

必游原因

这个纪念馆比较偏向寓教于乐性质，小朋友可以亲手体验许多 DIY 课程，包括自行用馆内提供的彩绘笔，在杯上绘画图案及写上字句，再选择你喜爱的杯面汤底及材料，即可完成世界上独一无二的自制杯面。比较大一点的小朋友可以挑战自己做面条，看着他们完成手上成品的满足的笑容时，就知道这个地方来对了。当然，别忘了离开之前，别错过以吉祥物小鸡为主题的限定商品或者是日清限定口味拉面。

Tips

三楼的杯面工场是最受欢迎的自制杯面体验活动，虽然需要额外支付 300 日元的体验费用，但是场次常常爆满，建议大家可以先至三楼的活动区领取预约券，等到预定的时间再回来参加体验活动即可，这段时间就可以先参观 2 楼的展区及品尝 4 楼的面条街美食。另外，鸡汤拉面工厂则是限制学龄前的小朋友无法报名参加，参与此项活动也需事先在网上预约报名。

- **地址** 横滨市中区新港 2-3-4
- **电话** +81-4-5345-0918
- **网址** www.cupnoodles-museum.jp
- **时间** 10:00～18:00（周二休馆）
- **交通** 从涉谷站转乘东急东横线特急列车（元町、中华街方向），在 Minatomirai 或马车道站徒步 8 分钟
- **价格** 成人 500 日元（含税）；高中生以下（含高中生）免费（馆内部分设施及体验需额外付费）
- **育婴室** 在纪念馆的 1 楼及 4 楼，厕所设有简易尿布台，至于哺乳室，则在 1 楼入口大厅的楼梯旁。

1 放进杯面食材
2 世界各国的速食面包装
3 小鸡速食面造型小方巾
4 日清限定口味杯面
5 日清吉祥物"小鸡"

🍴 美食分享

拉面起源自中国的传统面食，后来传入日本之后，发展出其独特的口味特色，现在除了是日本的国民美食之外，也被游客们列入必品尝的特色餐点。

日本由北到南的拉面种类不下数十种，想要一次吃到各地的传统口味，除了坐飞机或新干线之外，还有另一种机会就是安排到横滨的新横滨拉面博物馆，就可以一次品尝超过 9 种以上的特色口味拉面。

该拉面博物馆共有三个楼层的展区，入场参观需支付 310 日元门票费，这个费用仅让游客了解全国各地的拉面相关烹饪器具、了解详尽的拉面历史，以及参观地下两层楼的重现 1958 年东京复古街头的市容，至于游客另外想要品尝的拉面餐厅，则是要另外付费。

走在复古的空间里，扑鼻而来的拉面香，商店街上还有日本怀旧时期的零食专卖店，店里摆放着许多零食和玩具，最有趣的是，还有串场在其中的表演人员，可以跟他们合照。此外，中央广场区还会不定时上演表演剧，即使语言不通，但通过表演者有趣的肢体语言，让人不自觉跟着同乐，感受那欢乐气氛。

在拉面餐厅用餐，有几点可能需要特别留意一下，这里的拉面店不接受事先预约订位，也不接受大家"共碗"，但提供迷你的小碗拉面。

- **地址** 横滨市港北区新横滨 2-14-21
- **电话** +81-4-5471-0503
- **网址** www.raumen.co.jp
- **时间** 11:00～22:00（每日营业时间不同，需查询官网确认）
- **交通** 由横滨站搭乘市营地铁到新横槟站下车，接着由 8 号出口步行约 5 钟即可抵达
- **价格** 一日入场券：成人（中学生以上）310 日元；儿童（小学生）100 日元；幼儿（5 岁以下）免费

新横滨拉面博物馆

Uncle Jam's Bakery & Café 果酱叔叔的面包店

Chapter 9 东京乐游博物馆 — 美食分享

- 📍 地址　横滨市西区 Minatomirai 4-3-1
- 📞 电话　+81-4-5212-4221
- ⏰ 时间　10:00～19:00
- 🚇 交通　港未来 32 线（Minatomiral Line），新高岛站 2 号出口步行 7 分钟。

　　在面包超人的世界中，只要是有朋友遇到困难，面包超人总是愿意牺牲自己，即使会让自己的战斗力减弱，但他就是这么一位充满着正义感的面包超人。而负责帮他做"救援"工作的就是果酱叔叔，他也是卡通里的一个经典角色，他开了一家面包工厂，制作很多温暖又好吃的面包，主要的工作就是帮助面包超人修复他的脸，这是多么重大的使命啊！但现实生活里，来到了面包超人博物馆，怎么可以错过与果酱叔叔的面包相遇呢？

　　在面包超人博物馆的购物商店街中，就有一家可以品尝得到果酱叔叔做的面包工场咖啡馆，在 1 楼可以外带各式各样的角色面包，在 2 楼则是可以吃到餐点，一边用餐还能一边看着面包超人的卡通，小孩都开心极了。

　　另外，果酱叔叔工场也有让小朋友DIY 做面包的体验活动（限 3～8 岁的小孩参加），如果只是想单纯的小小体验，也可以在 2 楼的咖啡馆里点 DIY 的面包组合餐，有提供自己绘制吐司超人脸孔的有趣餐点。

亲子血拼胜地

- **地址** 横滨市西区 Minatomirai 4-3-9
- **电话** +81-4-5651-0180
- **网址** 24028.jp
- **时间** 10:00～20:00
- **交通** 港未来 32 线（Minatomiral Line），新高岛站 2 号出口步行 5 分钟

Tips

西松屋可以通过网络购物平台先预订商品，不过服饰和鞋子还是建议各位爸妈带着小宝贝到现场试穿，对于宝贝贴身衣物的触感比较在意的父母，可以亲手摸摸看再下手购买。

西松屋感觉比较像是日本小家庭常去购买儿童服饰的专卖店，店里陈列的服饰从婴幼儿到学龄前都有，还包括日本传统服饰和服及浴衣，它的价格可能是阿卡将的一半。另外，还有儿童的鞋子和包包配件，选择也很多元，虽然不能退税，但整体算是很便宜的。

进阶成为妈妈之后，以前常逛的精品名牌 Outlet，现在都变成婴幼儿连锁商店了，最让人津津乐道的两家日本超大连锁婴幼儿品牌商店，除了之前介绍过的 Akachan 阿卡将之外，另一家就是 Nishimatsuya 西松屋了（招牌是一只白色的兔子）。

西松屋目前在全日本的据点超过 800 家，在关东就有超过 240 家专卖店，连冲绳都有 12 家，从孕妇的用品到产后护理，婴幼儿的用品、食品、奶粉、玩具及服饰应有尽有，与阿卡将最大的不同是它的婴幼儿童装比较多，价格也更低廉便宜。

台场 DECKS Tokyo Beach

除了东京铁塔之外，台场应该是日剧取景的浪漫场景之一，也是许多外国观光客初访东京会安排的购物及休闲景点。台场地区除了有 DECKS Tokyo Beach 及 AQUA CITY 等复合商场百货，邻近的景点还有科学馆及富士电视台大楼，追星的各位怎么能错过呢！

这次要介绍的 DECKS 其实里头有不少的海景餐厅，另一个知名的小商城就是怀旧的"台场一丁目商店街"了，它将昭和年代的东京街头原汁原味地呈现，而且商店街里网罗了许多江户风情的生活杂货、糖果屋、服饰及纪念品小物等，而且这里的东西价格便宜又好买，逛个一圈不知不觉钱包又瘦了一大圈。

另外，在 DECKS 里，还有一座拥有 300 多万个乐高积木的室内乐高主题乐园，很适合带小朋友来体验乐高积木的魅力，也可以带些乐高的战利品回家。

- **地址** 东京都港区台场 1-6-1
- **电话** +81-3-3599-6500
- **网址** www.odaiba-decks.com
- **时间** 11:00～21:00（营业时间随季节不同而异）
- **交通** 百合海鸥线台场海滨公园站下车，步行约 2 分钟

Tips

室内乐高主题乐园是 3 岁以下的小朋友免费参观，仅收成人费用 2,500 日元，门票还包括了欣赏 4D 剧场及射击游戏体验。若是在乐高乐园的网站上预购门票，可享有优惠，亦可以选择平日购买亲子票，也会比较划算。

乐高主题乐园里的乐高玩具，是大人小孩都喜欢的益智类游戏组，对小孩的创意训练很有帮助，如果行李空间允许的话，可以购买日本特色的乐高迷你积木组回家。

Chapter 9 东京乐游博物馆 亲子血拼胜地

Winnie 的私房景点

10 Mois-FICELLE-Hoppetta

- 地址　东京都港区南青山 5-7-23 1 楼
- 电话　+81-3-6805-0805
- 网址　shop.ficelle.co.jp
- 时间　周一至六 11:00～20:00
  　　　周日 11:00～19:00
- 交通　表参道站 B3 出口步行约 5 分钟

爸妈们应该听过甚至也对日本 Hoppetta 这个品牌被并不陌生，它是日本 Ficelle 株式会社旗下的一个品牌。

日本 Ficelle 从 1996 年就开始策划及销售婴儿用品，致力于创造对婴儿更舒服及更安心的产品，他们宣称自家的产品全都符合绿色环保规格，而在产品上以自然、环保及原色系的设计概念为主，唯一比较花哨的就属 Hoppetta-champignon 的蘑菇系列商品，但它却是 Ficelle 年年最畅销品牌第一名。相信许多爸妈们来到了东京都很想去这一家有质感的婴幼儿品牌专卖店，这里推荐大家除了经典畅销的蘑菇系列（包括六层纱、防踢被、包巾、餐围兜），Hoppetta 推出的耐摔餐盘也相当实用，很适合自用或送人。

亲子记忆保鲜盒

去某个地方旅行，除了能拍回与景点的合照之外，还能有什么方式可以把它们带回家呢？也许迷你的积木组就是一种选择，它仿佛就像缩小灯一样，让大家可以把世界各国的经典地标全都带回家。

nanoblock 是我们很喜欢的一个日本积木品牌，号称是全世界最小的积木，也有人称它为微型乐高积木，将一盘积木缩小 1/4 大小，单颗粒大小只有 4 毫米。来到日本东京，当然要把晴空塔和东京铁塔带回家，跟着宝贝一起研究组合的技巧，让他们参与曾经造访过的旅程景点及体验动手组合的乐趣。

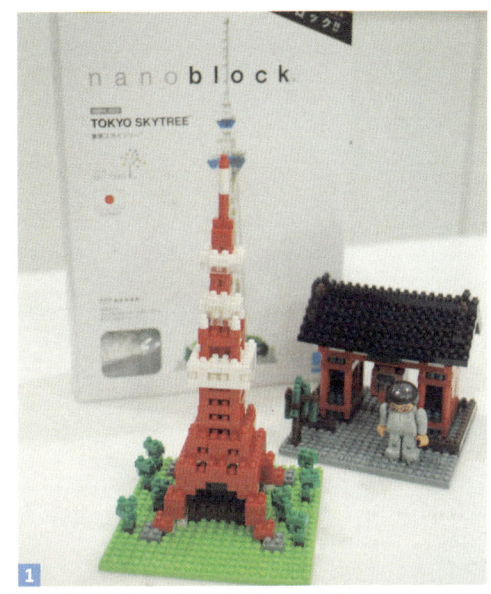

1　迷你的东京铁塔
2　世界各国的 nanoblock 迷你积木组商品

Chapter 10

爱上冲绳自驾之旅

爸妈上手度
语言沟通度
交通便利性

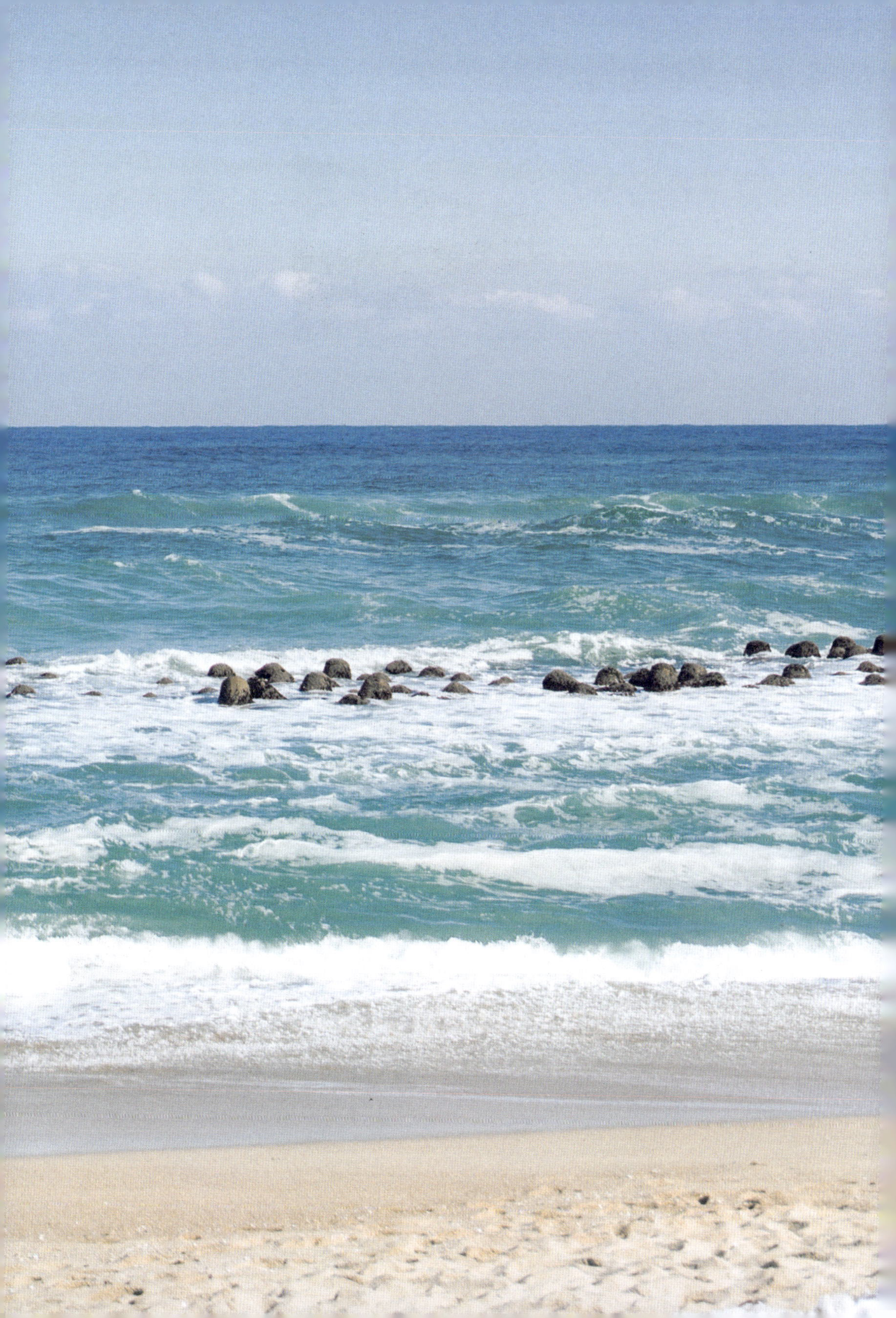

行程推荐

五天四夜行程推荐

Day 1
冲绳那霸机场 OTS 租车
- → 琉球村
- → 万座毛

Day 2
美丽海水族馆
- → 古宇利大桥戏水
- → 古宇利岛海洋塔

Day 3
热带水果园 → 部濑名海中公园
- → 黑鲸玻璃底船 → 美国村逛街

Day 4
永旺梦乐城冲绳来客梦 → 第一牧志公设市场
- → 国际通商店街

Day 5
冲绳 Outlet
- → OTS 还车 → 冲绳那霸机场

四天三夜行程推荐

Day 1
世界遗产首里城
→ 第一牧志公设市场
→ 国际通商店街

Day 2
冲绳那霸机场 OTS 租车
→ 美国村 → 落日沙滩戏水

Day 3 
海军壕公园溜滑梯
→ 玉泉洞&王国村
→ 市区饭店

Day 4 
T Galleria 逛街 → OTS 还车
→ 冲绳那霸机场

Tips

四天三夜的行程，减去飞行时间大概只剩下三天的时间可以畅游冲绳，虽然是自驾，机动性高，但不建议开车去太远的景点（北部），以免压缩了各景点的停留时间，建议以中、南部的景点为优先考虑。

自驾租车篇

冲绳是狭长形的岛屿，其本岛范围从最北端边户岬至最南端的和平之塔，距离约135公里，但只有在南部那霸区才有便利的单轨电车，若要前往中、北部的景点，自驾开车是游览冲绳最有效率的方法。近几年来有越来越多的旅客造访冲绳，都会选择在当地租车作为旅行的交通工具，所以冲绳的租车业者也与日俱增。

如何挑选最佳的租车公司，建议以几个方向进行评估挑选，如：语言可否沟通、是否含有保险费、租车时间的计算方式、是否提供机场接驳等服务，一一比较后，选择最合适的业者。

网上预订步骤教学

目前在冲绳最大的租车公司非OTS莫属了，他们有中文服务人员，让游客不用担心因语言不通而产生沟通障碍。OST官网可进行预约租车服务，另有提前预订的优惠活动，可享有超值优惠价格。

OST也有提供机场接驳的服务，可在离机场最近的营业所取车及还车，办好租车手续，即可领车畅游冲绳。接下来会示范如何在官网上订车的教学步骤：

❶联结至OTS租车官网

OST官网➡ www.otsinternational.jp/otsrentacar/cn

网页上可选取不同语言页面，目前有四种文字界面，包括日文、中文（繁体中文）、英文及韩文。

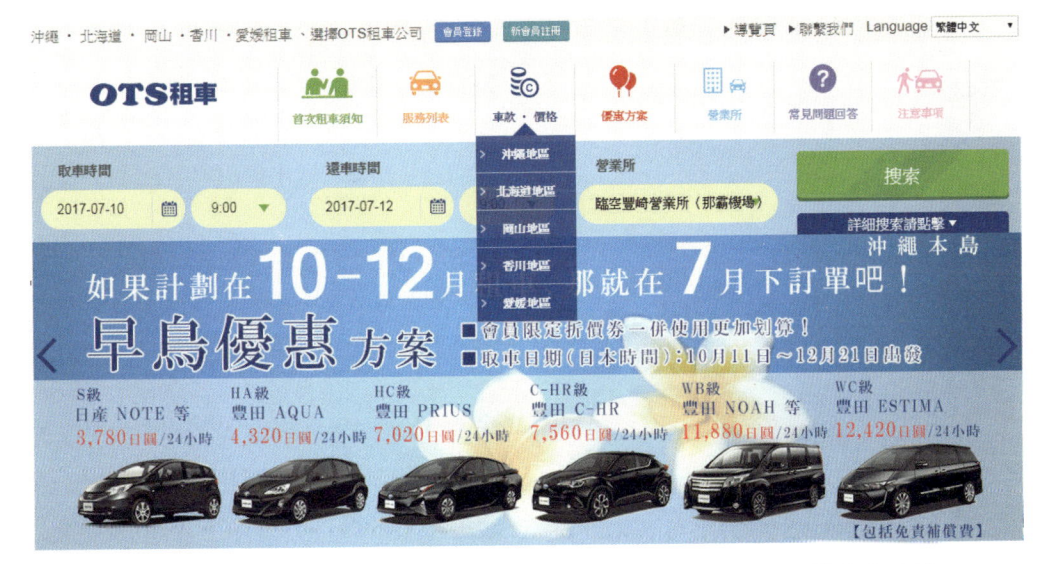

❷ 查询空车资讯

包括选取租车及还车日期，租车及还车地点（可以选取不同的营业所），及欲租用的车款等相关资讯，按下查询即可。显示的车款及价格，会依最优惠到最高的价位依序排列（S级别的车款是最便宜的，适合3～4人小家庭车款，若是较多人数，则可选择厢型车等座位数较多的车款）。

❸ 可加购安心保险及预约安全座椅

基本上OTS的租车计算方式是以24小时为计算，不过每日的租车时间为早上08:00，晚上时间为18:00，若要在非营业时间以外租车还车，会收额外的手续费。

在租车前先确认与班机时间是否配合得上，最后记得加上安心保险及预约儿童的安全座椅（分成0～1岁／6个月～4岁／4～6岁3种阶段种类），依据日本法规，儿童必须乘坐于安全座椅上，而且基于安全的考虑，建议大家还是要预约。

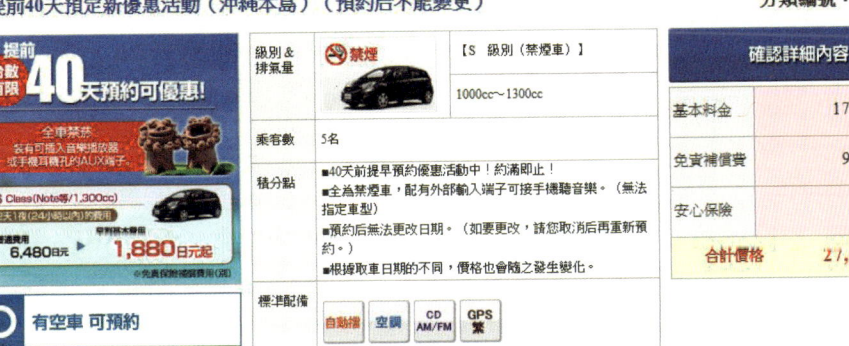

是确认收到预约单重要的信息之一，以上资料都填齐全了，记得还要勾选"租车条约同意"，即可送出预约单。

❺ 确认邮件是否收到预约确认单

预约确认单上面会有预约人姓名及预约代码（预约租车不需先支付订金），但若要取消，则需自行打电话至预约营业所联系（有些优惠的方式是不能取消或变更预约内容的）。最后记得要把此预约单打印出来，连同驾照（正本）及日文翻译本，租车时一并出示给 OTS 营业所的服务人员办理相关手续即可。

❹ 输入个人信息（预约人信息）

必填的项目包括：姓名请以护照英文名字为主，电话可留移动电话，电子信箱

旅游票券购票篇

OTS 租车营业所购齐票券

购买地点： OTS 营业所
营业时间： 08:00～19:00

在任一 OST 营业所可一次购足冲绳的观光景点门票，非常便利，不过需留意是否为营业时间之内，若是搭乘深夜的红眼班机，则可能遇上时间配合不上而未能购买的情形。

> **Tips**
> 在办理冗长的租车手续期间，驾驶通常都会集中上一堂短短 15 分钟的行前道路教育训练的课程，大概就是讲解在冲绳右驾的相关注意事项及交通安全守则，这时就可以分散人力，排队购买票券，以节省时间。

热门景点的优惠售价参考

❶冲绳美丽海水族馆门票

成人：
原价 1,850 日元，优惠价 1,600 日元
高中生：
原价 1,230 日元，优惠价 1,100 日元
中小学生：
原价 610 日元，优惠价 550 日元
幼儿（5 岁以下）：免费

❷冲绳水果乐园

成人（高中生以上）：
原价 1,000 日元，优惠价 800 日元
小孩（4 岁～中学生）：
原价 500 日元，优惠价 400 日元

❸琉球村

成人（高中生以上）：
原价 1,200 日元，优惠价 1,080 日元
小孩（4 岁～中学生）：
原价 600 日元，优惠价 540 日元

❹冲绳世界（玉泉洞+文化王国）

成人（高中生以上）：
原价 1,240 日元，优惠价 1,120 日元
小孩（4 岁～中学生）：
原价 620 日元，优惠价 560 日元

❺BUSENA 海中公园（海中展望塔套票：展望塔+玻璃船）

成人：
原价 2,060 日元，优惠价 1,640 日元
高中生～大学生：
原价 1,650 日元，优惠价 1,320 日元
小孩（4 岁～中学生）：
原价 1,030 日元，优惠价 820 日元

> **Tips**
> 在 OTS 所购买的预售票仅能以现金支付，不提供刷卡服务，另也无法退票，所以最好是先计划好行程，确认天气状况都可以配合得上再购票，会比较有保障。

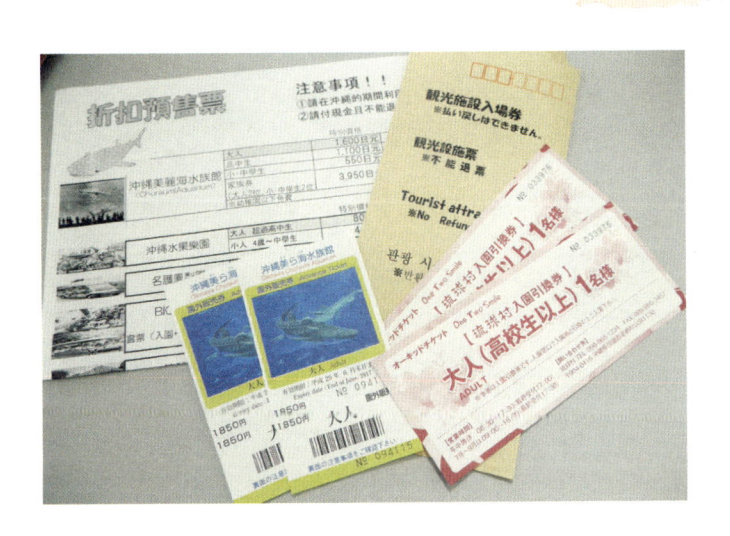

景点介绍

美丽海水族馆

冲绳美丽海水族馆位于日本冲绳本岛西北部的海洋博公园内,距离那霸机场约有 2 小时 30 分钟的车程。初次造访冲绳的游客,一定要来感受黑潮之海的独特魅力。

楼高 4 层楼的水族馆总共分成九大主题区,包括珊瑚礁之旅、黑潮之旅、深海之旅等,参观的路线一路由 4 楼开始慢慢往 1 楼至户外的展馆动线,其中最让人震撼和惊喜的就是超大型"黑潮之海"鱼缸,它曾经是世界第一大的展示水槽,目前则被美国佐治亚水族馆挤退到第二名,但它所拥有的 7,500 吨蓄水量,还有世界首创群养鲸鲨繁殖,仍是保持了多项世界纪录。

黑潮之海鱼缸模拟的是水深 200 米的海底环境,饲养了多种海洋动生物,而最受到游客喜爱的人气吉祥物当然就是那 3 条身长超过 8 米的大鲸鲨了,当然也不能错过精彩的鲸鲨喂食解说,每日下午 3 点及 5 点各有一场。

建议游玩时间: 1 天

Tips

美丽海水族馆有提供免费出租的语音向导机 PDA(英文、中文、韩文),需事先预约,相关信息可以参考官网上的租借流程介绍。

- 地址　冲绳县国头郡本部町石川 424 番地海洋博公园
- 电话　＋81-9-8048-3748
- 网址　churaumi.okinawa
- 时间　3 月～9 月 8:30～20:00（最后入馆 19:00）
  10 月～2 月 8:30～18:30（最后入馆 17:30）
- 交通　自行开车由许田 IC 交流道，走国道 58 号再接国道 449 号，在浦崎交流道左转，接到县道 114 号即可抵达海洋博公园（前往水族馆最近的停车场为北门入口前停车场 P6 与北门停车场 P7，皆为免费的停车场）。
- 价格　成人 1,850 日元；中学生 1,230 日元；小学生 610 日元；儿童（5 岁以下）免费
- 育婴室　2 楼及 3 楼都设有育婴室，提供尿布台、洗手台、消毒锅、饮水机。

▲ 黑潮之海的鲸鲨　　　　　　　　　　▲ 海豚剧场表演

必游原因

　　美丽海水族馆在建立时就是以世界最大的水族馆为愿景，让大家可以见识到冲绳海洋之美，当所有的小朋友来到这里见识到最大的鱼类——鲸鲨，就像是目睹心中偶像一般，开心的笑容绝对值得爸妈带他们亲自造访。另外就是在水族馆内与鲸鲨共进下午茶，这么难得的机会千万不能错过。而且水族馆适合所有年龄层的小朋友，也不用担心天气的好坏，在这里玩上一整天都没问题。

- **地址** 冲绳县恩纳村山田 1130
- **电话** +81-9-8965-1234
- **网址** www.ryukyumura.co.jp
- **时间** 08:30～17:30（最后入园 17:00）
  7～9月 09:00～18:00（最后入园 17:30）
- **交通** 自行开车由那霸机场往国道 58 号线北上约 60 分钟
- **价格** 成人（16 岁以上）1,200 日元
  儿童（6～15 岁）600 日元

古时候的冲绳其实是个独立王国，并拥有自己的文化，这里的独特人文及传统的建筑特色是造访琉球时一定不能错过的。

距离那霸市区 30 公里的琉球村，就是以古代琉球为主题的文化村，在这座主题公园里，可以见识到琉球列岛传统的特色建筑，此外还可以欣赏冲绳特有的传统歌曲舞蹈表演。目前琉球村里保留了 12 间由各离岛搬运过来的古老房舍，将这些文化资产与游客共赏。

另外，琉球的工艺品也是相当有名，在琉球村里可以安排一个传统工艺的体验课程，创作一个专属于自己的琉球纪念品回家当永恒的回忆。

建议游玩时间：3～4 小时

Tips

琉球村里的体验活动都需要额外付费，体验活动的时间会依照产品或课程的困难度而有所增减，部分的体验活动可以随时报名参加。

琉球村

▼ 大纲挽祭典大拔河比赛的绳子

Chapter 10 爱上冲绳自驾之旅

景点介绍

▲ 琉球村伴手礼商店街　　　　　　　　　　　　　　　▲ 琉球村风狮爷

必游原因

冲绳太鼓舞除了是代表冲绳的庆典活动之外，目前也是日本相当知名的舞蹈表演。这个舞最早是来自于日本本土的盂兰盆舞，在冲绳发展成另一种太鼓表演。舞者跟随着独特的音乐打击太鼓，时而跳跃、时而舞蹈，在琉球村里，每日也会有定时表演，并同时让游客一起融入这个舞蹈之中，是非常值得看的一场表演秀。在园区里有提供体验琉球服饰的拍照机会，可以带着小朋友穿上传统的服饰拍照留念，长大后再跟他们分享传统服饰的意义，是另一种知识的机会教育。

古宇利海洋塔

Tips

古宇利海洋塔是新兴的景点，从过了古宇利大桥之后，就能看到这座白色高塔于半山腰上，由于指示牌没有很明显，容易忽视这通往海洋塔的路标。

必游原因

展望塔里有一间贝壳展示馆，展出着约有 1,500 个品种、上万件世界贝壳，在馆内不仅可以欣赏到美丽的贝壳，也可以了解贝类的生态知识。其中最有价值的就是收藏了世界三大稀有的贝类及冲绳各式各样的贝壳，最有人气的贝壳伴手礼就是以"恋爱之岛"为设计主题的心形项链，受到许多游客的喜爱。爸妈们可以通过这次参访，顺便向孩子提倡保护海洋资源的观念，也是一种有益于孩子的学习方式。

- **地址** 冲绳县国头郡今归仁村古宇利538番地
- **电话** ＋81-9-8056-1616
- **网址** www.kouri-oceantower.com
- **时间** 09:00～18:00
- **交通** 自行开车由那霸行驶国道58号到古宇利岛大约1小时40分钟
- **价格** 成人800日元；中学生600日元；小学生300日元；小学生以下免费
- **育婴室** 并无提供专属的育婴室，但展望塔有提供婴儿推车免费租借的服务。

Chapter 10 爱上冲绳自驾之旅

景点介绍

古宇利海洋塔位于古宇利岛上，传说中古宇利岛是琉球人的神圣之岛，是一座周长7.9公里的珊瑚礁小岛，岛上还有许多美丽的爱情故事与传说。

2013年年底才开放的古宇利海洋塔也是近年新兴的人气观光景点。这座海拔82米的白色展望塔，高4层，各层都有设置展望室，可以居高临下欣赏美丽的海景，从制高点俯瞰冲绳第二长的古宇利大桥，全景尽收眼底无比壮观。

要前往制高点的展望塔可选择搭乘无人驾驶的电动轨道车，它会随着轨道蜿蜒而上，并在让你欣赏一望无尽的蔚蓝大海，同时播放着介绍古宇利岛及展望塔的导览语音。

整座展望塔里，还有结合餐厅和伴手礼限定商品的纪念品店，算是项目丰富多样的休闲景点。

建议游玩时间： 3小时

1 贝壳博物馆伴手礼店
2 古宇利岛海洋塔售票处
3 俯瞰古宇利大桥的美景

美国村

如果喜欢浓浓美式风情的朋友，千万别错过这个邻近北谷公园及日落海滩的知名景点"美国村"，集合购物、餐厅及休闲的度假商圈，有着一家又一家的美国风商店，是很多观光客必定造访冲绳的景点之一。

冲绳在第二次世界大战之后被划分为美军军事基地，直到1972年才将冲绳归还给日本，所以这里保留许多当时的美国军事基地及美式风情。

美国村除了购物百货之外，还有电影院、大型超市、餐厅和特色咖啡馆，能提供不同的玩乐体验，近几年也成为年轻人喜爱的观光胜地，而这里最醒目的地标是一座60米高的摩天轮，坐在摩天轮上环绕一周，就可以将整个北谷町风情尽收眼底。

建议游玩时间：3～4小时

心游原因

来到美国村，顿时会有种不知身处在美国还是日本的错觉，一栋栋五颜六色的建筑物和涂鸦墙画作，都是一家家特色商店，不论是复古的还是新潮的时尚服饰店或纪念品小店，总感觉会有挖不完的宝。而且这里还邻近知名的日落海滩，可以带着小朋友在沙滩上踏浪玩沙之后，不用担心晚餐还得舟车劳顿返回那霸市区觅食，因为在美国村里就可以享用到各式各样的异国美食料理了。

- 地址　冲绳县中头郡北谷町美滨 15-69
- 电话　＋81-9-8936-1234
- 网址　www.okinawa-americanvillage.com
- 交通　自行开车由那霸机场北上约 40 分钟
- 育婴室　购物商城里有部分厕所提供换尿布的平台，但没有专属的育婴室。

Tips

在 at's Chatan 商场里，有个 MIHAMA Kid's Park 儿童游乐空间，里面有付费的儿童游戏室（费用 200～900 日元），可以让小朋友在这里尽情地玩乐，而且内部会提供比较专业的哺乳室。

🍴 美食分享

冲绳本身的地理位置接近中国，所谓地道的冲绳岛料理，比较偏向于中式口味，与传统的日本料理不大相同。

冲绳人靠海吃饭，很多料理食材都是来自大海，包括有名的海葡萄，就是冲绳的一道特色料理，另外像是苦瓜及离岛的石垣牛，都是相当著名的冲绳必吃美食。

以冲绳传统式建筑及料理而知名的花笠，是许多游客游览至残波岬最常造访的一家冲绳食堂，除了提供地道的冲绳料理美食之外，也有日式的餐点选择，其中冲绳著名的冲绳面很适合给小朋友当餐点，至于喜欢大口吃肉的朋友，别错过它们的炸猪排饭，千层的猪排切面看起来就让人食欲大增。

- 📍 地址　冲绳县中头郡読谷村字宇座 657-1
- 📞 电话　＋81-9-8958-7333
- 🕐 时间　11:00～22:00

冲绳岛料理花笠

1　炸千层猪排盖饭
2　极上石垣牛铁板烧
3　鸟豚网烧肉盖饭

第一牧志公设市场

地址	冲绳那霸市松尾 2-10-1
电话	+81-9-8867-6560
时间	08:00～21:00（每月第 4 个周日公休）
交通	单轨电车牧志站步行约 10 分钟

想要更融入冲绳步行的生活，那么一定要认识这个称为"冲绳人厨房"的第一牧志公设市场，几乎所有旅游书里都会特别介绍这个能吃遍冲绳海鲜的地方，而且它就距离国际通的闹区巷弄之间，要品尝冲绳最新鲜的食材来这里找准没错。

市场的 1 楼是出售区，包括出售新鲜的渔货、肉品及杂货食材等，2 楼则是用餐区，顾客可以在 1 楼挑选新鲜的食材请店家烹饪好，再送到 2 楼的客席用餐区即可，这里的店家很多都会说中文，所以沟通上不会有太大的问题，只要问好好食材的价格就可以尽情享用美味的海之味料理了。生鱼片的料理可能比较不适合孩子，但 2 楼的美食区还有很多中式料理，所以不用担心宝贝没有东西可以享用。

1 冲绳著名的石垣牛肉
2 第一牧志公设市场新鲜的渔货

亲子血拼胜地

AEON MALL 永旺梦乐城冲绳来客梦

永旺梦乐城冲绳来客梦是目前全冲绳规模最大的购物商城，2015年4月才正式营业，占地超过17万平方米，约有220家店铺，其中还包括了许多国外入驻的知名品牌服饰，虽然价格方面不像Outlet那么便宜，但是在某些季节的优惠折扣，一样是让人买到手软。

号称有4,000个车位的免费停车场，一到假日还是一位难求，即使AEON已经在冲绳拥有5家卖场了，第6家的永旺梦乐城冲绳来客梦还是在开幕的第一天就吸引近10万人前来。

至于这里有多好买，我想只要逛过AEON的人都懂，就算逛一天一夜也不想离开吧！尤其是4楼的儿童服饰跟玩具楼层，看见什么都想全部打包带走。

- **地址** 冲绳县中头郡北中城村アワセ土地区画整理事业区域内4街区
- **电话** +81-9-8930-0425
- **网址** okinawarycom-aeonmall.com
- **时间** 10:00～22:00
- **交通** 自行开车由那霸机场前往，车程约40分钟
- **育婴室** 非常完善且高级的育婴室，除了有小朋友的专属厕所之外，还设有丢尿布的真空包装垃圾桶。

Tips

从2014年年底开始，日本放宽了观光客的退税制度，原本在日本要血拼超过10,000日元才能退税的规定，现在已经变成只要在有Tax Free的店家购物超过5,000日元，即可办理现场退税，而在AEON MALL里，设有专门为外国观光客办理退税的柜台，部分店家也可以直接在店里办理退税，大家在购物前先询问清楚退税的规定会比较好。

▲ 玩具反斗城是小孩的天堂

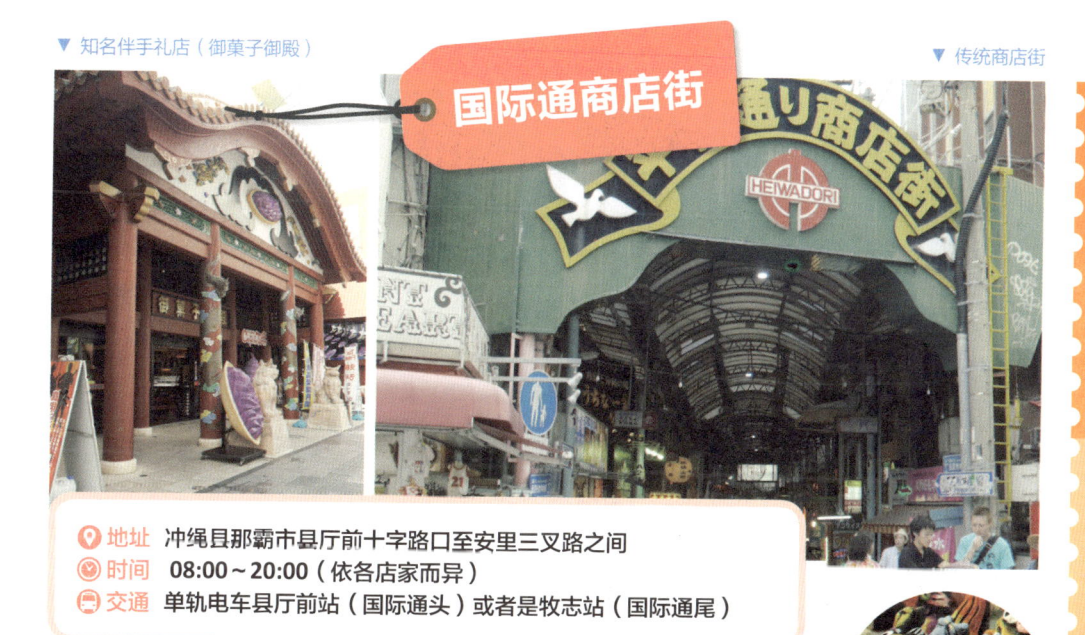

▼ 知名伴手礼店（御菓子御殿）　　　　　　　　　　　　　▼ 传统商店街

国际通商店街

地址 冲绳县那霸市县厅前十字路口至安里三叉路之间
时间 08:00～20:00（依各店家而异）
交通 单轨电车县厅前站（国际通头）或者是牧志站（国际通尾）

Chapter 10 爱上冲绳自驾之旅

亲子血拼胜地

　　如果问起冲绳那霸市哪里最热闹，我想大家都会说"国际通商店街"吧！这条曾经在第二次世界大战受到严重破坏的地方，却在战后迅速回复及重建。

　　全长 1.6 公里的国际通商店街两侧热闹非凡，林立了许多土产店、餐厅及购物商店，不仅如此，连巷弄内延伸的两侧还有传统市场及商店街，琳琅满目的商品值得大家花半天到一天的时间在这里购物及闲逛。

　　这里的氛围一点也不输给日本大城镇的热闹街景，人来人往的观光客，人潮永远都把国际通挤得水泄不通。很多人会把这里当成是返程的最终购物站，一次购足所有的伴手礼和日本药妆。

　　位于国际通商店街上的激安殿堂（堂吉诃德），从日用品到流行精品应有尽有，而 24 小时的营业时间，也满足了不少夜猫子来抢购。

Tips

国际通上因为只有双向的单线道，所以并无设置路边停车位，有时临时停车占用了一个车道，就会造成后面的交通拥挤，虽然适逢周日国际通会从 12:00～18:00 封街成为一个"步行者天堂"，但平时的人潮也是不输给假日，只要是中午过后，周边的停车场也会开始慢慢塞满，建议大家可以把车停在比较远一点的单轨列车站附近，再搭乘大众交通工具前往，会比较节省时间及停车场的停车费。（付费停车场平均一个小时约 300～500 日元不等，依平假日期段而异）

🌷 Winnie 的私房景点

国际通屋台村

- 📍 地址　冲绳那霸市牧志 3-11-16
- 🌐 网址　www.okinawa-yatai.jp
- ⏰ 时间　11:00～23:00（各店家时间不同）
- 🚆 交通　单轨电车牧志站 1 号出口步行约 5 分钟

　　其实日本的"屋台"指的就是晚上才会出现的路边营业小摊车，跟夜市的性质有点像。

　　而在 2015 年 6 月，冲绳国际通也有了屋台村这个新亮点，这里集合了超过 20 家的特色小食铺，集合了中式、日式及西式各种美食，浓浓的日式木造建筑和气氛，很适合想要感受地道日式居酒屋的游客，挑间迷你的小店坐下来好好品尝美食，这里跟车水马龙的国际通商店街有着不同的风貌。

　　如果想在宵夜场寻觅美食的朋友，又或者是喜欢拍照的朋友，千万不要错过这个复古风情的屋台村。

Tips

屋台村是个由 20 余间店家组成的迷你美食街，每个店铺都小小的，有些只能容纳 4～5 人，推着婴儿车来这里用餐的爸妈们可能要有心理准备，店家无法提供婴儿椅及相关的服务，如果真的很想吃，就外带回饭店享用吧！

亲子记忆保鲜盒

在国际通上有个适合亲子逛街的商场 HAPiNAHA，原址是冲绳的三越百货，目前则是规划成一个趣味商场中心，1、2楼都是以小朋友最爱的糖果及主题人物打造的专卖店，其中有森永制菓开设的大嘴鸟糖果屋，能让小朋友体验亲手 DIY 属于自己的 Hi-Chew 软糖，现场直接预约即可，费用为 1,620 日元，整个体验时间约 30 分钟，很适合亲子一起同乐又能做出很有纪念性的产品。体验的步骤并不难，主要就是以揉捏、塑形为主，适合 3 岁以上的小朋友参加，爸妈也可以协助，当小朋友吃着自己亲手做的糖果，那种成就感意义非凡。

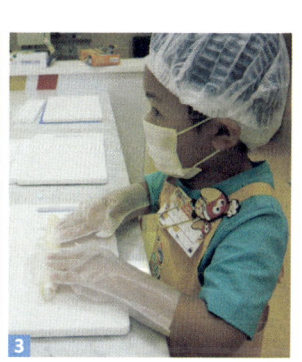

1 与限定版冲绳大嘴鸟合照
2 小卡上要填入自己的名字
3 制作过程讲求安全与卫生
4 专属孩子的 Hi-Chew 软糖
5 小贵人充满着成就感

制作专属软糖

Chapter 11

新加坡超值行

爸妈上手度 ♥♥♥♥♥
语言沟通度 ★★★★
交通便利性 ▲▲▲▲▲

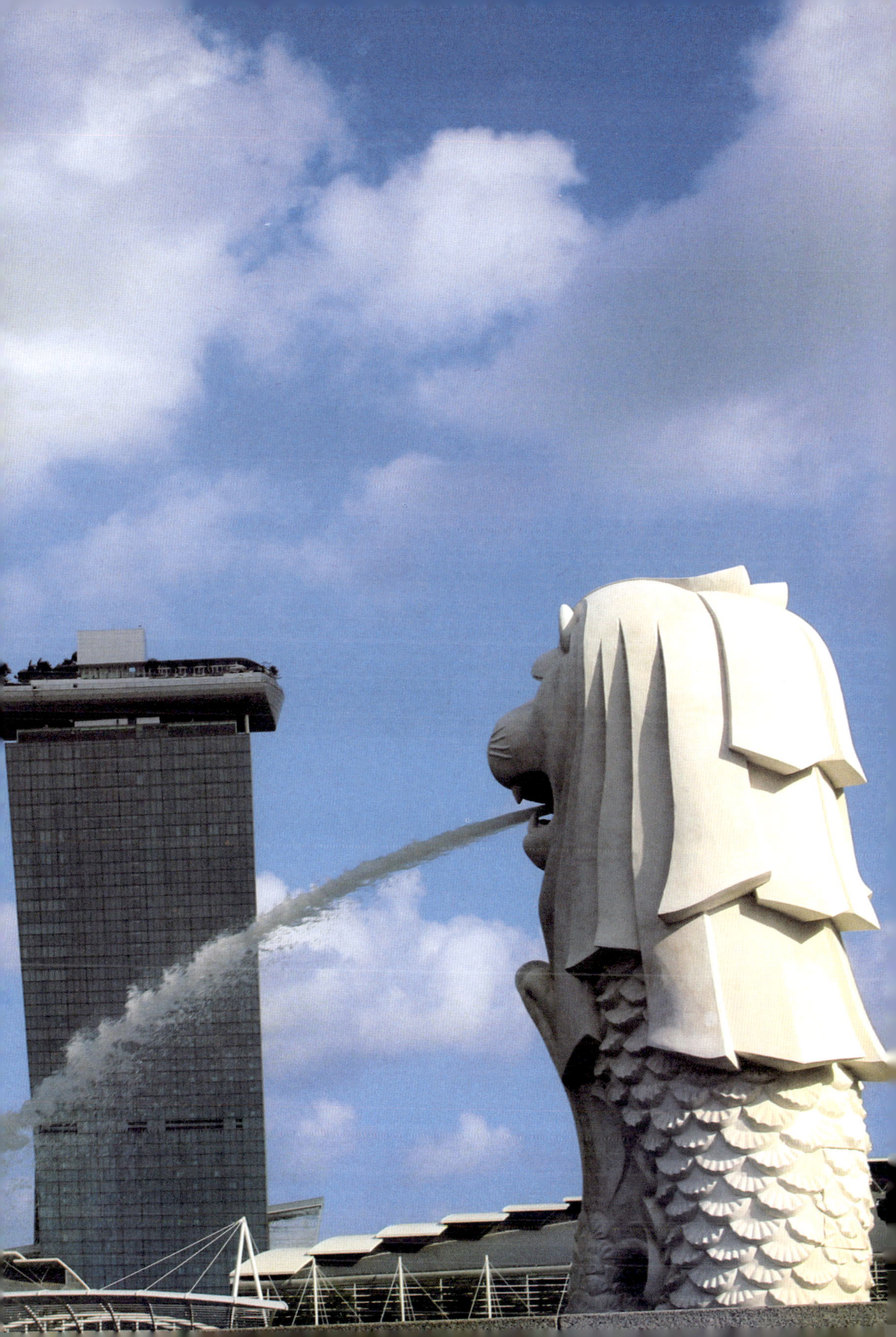

📍 行程推荐

五天四夜行程推荐

Day 1
新加坡樟宜机场
→ 牛车水 China Town → 宝塔街
→ 史密斯街 → 麦士威路熟食中心

Day 2
新加坡环球影城
→ 老巴刹美食广场
→ 鱼尾狮公园

Day 3
马来西亚乐高乐园
→ 新加坡摩天观景轮
→ 克拉克码头

Day 4
金沙空中花园
→ 滨海湾金沙购物中心
→ 滨海湾花园天空树 → 乌节路

Day 5
小印度竹脚中心
→ 实龙岗路
→ 小印度拱廊
→ 阿都卡夫回教堂
→ 机场

Winnie 的旅游攻略 → 现在有不少的廉价航空可以直飞新加坡樟宜机场，但是这种超过 4 个小时以上的航程，建议带小孩的爸妈们还是选择传统航空较佳；考虑到廉价航空的座位空间偏小，若是要全程抱着孩子，不但爸妈的腿麻了，孩子也会感到不舒服。如果是以省钱为经济考虑，可以有技巧地选择廉价航空出发日期及时间，避开周末及连续假日的人潮，或许可以有多一点的空间让小孩独坐。至于饭店的选择，可以参考旅行社的套装行程，或是趁旅展时捡便宜，选择"机票＋酒店"的优惠方案。若是背包客的游客爸妈，在新加坡也有许多的平价 Hostel 旅馆可以选择，然后在订房时先确认入住的人数限制，还有小朋友的年龄限制。

Tips

如果是要玩新加坡及马来西亚双国双乐园的行程，或者单纯的只是要去马来西亚的乐高乐园一日行程，建议由新加坡进出比较方便，除非是更多天数的行程，可以考虑由新加坡进，由马来西亚出，毕竟带着小孩，体力有限，就不要排太多的行程影响旅游的品质。

四天三夜行程推荐

Day 1 
新加坡樟宜机场
➜ 牛车水 China Town
➜ 宝塔街 ➜ 史密斯街
➜ 麦士威路熟食中心

Day 2 
新加坡环球影城
➜ 西罗索海滩
➜ 鱼尾狮塔

Day 3 
滨海湾金沙购物中心
➜ 滨海湾花园天空树
➜ 鱼尾狮公园
➜ 老巴刹美食广场

Day 4 
新加坡摩天观景轮 ➜ 乌节路 ➜ 机场

Chapter 11　新加坡超值行　行程推荐

Tips
有些旅行社会推出团进团出的自由行"机+酒"方案，尤其是搭配高档的金沙酒店时，大家可以多比较价格，部分的专案赠送地铁储值卡或半日市区观光导览等等，也是挺超值的。

Winnie 的旅游攻略 ➜ 4 天的行程都安排在新加坡重要景点上是绰绰有余的，在机票费用上，4 天与 5 天其实差不多，除了看航班的早晚可能会略有价差之外，或是到廉价航空寻找超便宜机票，不然在传统航空的选择上不会差太多。重点是在饭店的选择部分，新加坡的住宿费用都偏贵，如何挑选经济实惠的平价旅馆或饭店，又要达到交通便利的要素，就得多加考虑了，建议 4 天的行程中别换饭店，因为新加坡真的不大。

🎫 交通票券购票篇

在新加坡自助区旅行，最便捷的交通工具就是地铁及巴士。新加坡地铁共有五条主要的路线（包括红色的南北线、绿色的东西线、紫色的东北线、蓝色的滨海市区线及橘色的环线），再加上三条轻轨路线，大部分的旅游景点都可以搭乘地铁抵达。地铁的营运时间为 5:30～00:00（以官网公告为准），从樟宜机场下飞机后，即可直接搭乘地铁进入市中心，往返的时间约半小时，非常方便。

新加坡的巴士则有两家主要的巴士公司，收费的方式是按里程数计算，付费方式可以用现金、EZ-Link 易通卡或是 The Singapore Tourist Pass 新加坡游客通行卡等。接下来介绍在新加坡重要的交通卡：

EZ-Link 易通卡

这种卡是储值用的预付卡，每张售价为 12 新元（内含可用储值金 7 新元及制卡费 5 新元），在各大地铁站的售票中心及 7-11 都有出售。

第一次抵达新加坡的游客，可在樟宜机场的地铁站直接购买使用，每次充值的最低限制为 5 新元，所有地铁站及 7-11 也都可以进行充值的服务。此卡有效期限为 5 年，离开新加坡之前可到各地铁站服务中心办理退卡，将卡内的余额退回，或是保留下次再访新加坡时使用。

另外要提醒大家的是地铁站及车厢内都是禁止饮食和吸烟，车厢内会亮灯指示即将到站的地铁站名，目前也有增设中文广播，所以不用怕会坐错站下车了。

The Singapore Tourist Pass 新加坡游客通行卡

此卡专为游客设计，分成一日券 10 新元、二日券 16 新元及三日券 20 新元，购买时还需加付 10 新元的押金（可退还），这种卡的优点是在有效期内可无限次乘坐新加坡大众交通工具（包括全岛的地铁及普通巴士，但部分限定的巴士无法搭乘）。

不过要留意的是此卡并非所有地铁站都有出售，目前只有在部分地铁站出售，如樟宜机场站、牛车水站、港湾站等，大家可以试算一下，以最实惠的方式来省下交通费用。

旅游票券购票篇

一般来说，一趟顺利的旅程都要事先做功课安排，包括各种景点的门票购买。在新加坡有许多家旅行社会整合出游客所需要的交通或旅游票券出售，大家可以上网先去比价做安排。接下来介绍几家大家常购买票券的旅行社给大家参考：

Skyline Travel 天宇旅行社

地址：133 New Bridge Road, #03-15, Chinatown point, S059413
电话：+65-6444-6368
时间：周一至周六 10:00～20:00；周日及公众假期 10:00～18:00
网站：www.sgskyline.com

位于牛车水 China Town 的唐城坊商场内，很多游客都会在第一天就造访牛车水，除了可以将景点门票一次购足之外，这里还有许多换汇小铺，可以提供较优惠的汇率。它所出售的优惠票券如下：环球影城门票或环球影城套票（含其他景点）、海洋馆门票或套票（含其他景点）、滨海湾花园、新加坡动物园或动物园超值套票、马来西亚乐高乐园（主题乐园＋水上乐园）等优惠门票（相关的票价可参考官网资讯）。

WTS Travel

地址：30 Raf f les Avenue, #01-06D Singapore Flyer, Singapore 039803
电话：+65-6735-8558
时间：07:30～15:30
网站：wtstravel.com.sg

如果有要前往马来西亚乐高乐园的朋友，建议一次把大巴票和门票买齐，上车之后就不用担心换车及转车的问题，会有专车从新加坡送达目的地乐高乐园，回程时也在固定的地点上车，一路可以休息回到新加坡，对于亲子旅游的爸妈来说，是个轻松又省事的选择。

这家 WTS Travel 所出售的套票中，包含来回巴士接送及乐高乐园的套装行程，还可以在网络上预订，完全不用担心买不到车票。

景点介绍

新加坡环球影城就在圣淘沙名胜世界内，开始于 2011 年，是仅次于日本大阪后亚洲第二座环球影城，也是目前全世界面积最小的环球影城。

麻雀虽小，里头的游乐设施还是非常精彩刺激的，包括了 20 世纪好莱坞著名的星光大道及街景的"好莱坞区"，在这里有机会可以遇见电影中的大明星，还能与其合照。以后现代纽约市为主题的"纽约区"，除了有经典的地标景观设计外，还有一家为芝麻街人物所打造的专属商店；"科幻城市区"则是以未来城市为主题所打造出来的大都市，在这里有世界最高的双向决斗云霄飞车，最高速度可达时速 82.9 公里，以及变形金刚 3D 对决之终极战斗等设施；"古埃及区"就是以30年代古埃及为主题的园区，里头还有座古埃及方尖碑和金字塔，其中非常受到大家欢迎的"神鬼传奇复仇记"，是能穿梭于《神鬼传奇》电影元素中的室内云霄飞车

- **地址** 8 Sentosa Gateway, Sentosa Island, Singapore 098269
- **电话** +65-6577-8888
- **网址** www.rwsentosa.com
- **时间** 10:00～19:00
- **交通** 宜丰城 3 楼搭乘 Sentosa Express 轻轨电车进入圣淘沙，于 Waterfront 滨海站下车即可抵达环球影城的入口处
- **价格** 成人 76 新元，儿童（4～12 岁）56 新元
- **育婴室** 设置在大厅内，有饮水机、换尿布台还有儿童饭桌椅，另还有两间专属的哺乳室。

新加坡环球影城

Tips

由于每个园区的表演时间都很固定，建议入园时一定要拿时刻表，先规划看秀行程，再配合时间玩游乐设施，这样才不会错过想看的经典表演秀。另外，游乐设施都有身高的限制，若较小年纪的幼童入园，可能要先研究一下设施规定，免得白白排队了。

心游原因

新加坡环球影城是为了新加坡特别量身打造的，里面的游乐设施及人物主角，与日本大阪环球影城的人物截然不同，比较起来，我觉得新加坡环球影城的角色更让小朋友喜爱。在这里，除了可以体验惊心动魄的娱乐设施之外，在专属的特色商店里，也可以买到许多限定的明星商品。当然不能错过的还有由家喻户晓的电影主角载歌载舞与大家欢庆嘉年华的"好莱坞梦幻巡游"大游行。

设施，让人有身临其境的临场感；"失落的世界区"分成了侏罗纪公园和水上乐园两大游乐区，侏罗纪公园是采用史蒂芬·斯皮尔伯格电影中的场景设计而成，在此区最广受欢迎的即为侏罗纪河流探险水上游乐项目，另外还有由凯文·科斯特纳主演的《未来水世界》电影表演秀也在此区。"遥远王国区"是以梦工厂动画《史莱克》为主题，园区主要的景点有史莱克4D电影院和多话驴子耍宝秀，而在史莱克的沼泽房子或城堡外，也许能遇到史莱克跟菲奥公主本人。

最后一区就是"马达加斯加区"，这一区的游乐设施及表演就比较适合小朋友，可以参加街头表演"马达加斯加派对"与动物明星们同乐。

建议游玩时间： 1天

马来西亚乐高乐园

- **地址** 7, Jalan LEGOLAND, Bandar Medini, 79250 Nusajaya, Johor, Malaysia
- **电话** ＋60-7597-8888
- **网址** www.legoland.com.my
- **时间** 10:00～18:00
- **交通** 由新加坡摩天观景轮发车的直达客运，平均每30分钟一班车，车程约1小时
- **价格** 一日券成人（12～59岁）195林吉特；儿童（3～11岁）155林吉特
- **育婴室** 乐园里有专属的孩子照顾中心，里面有完善的设备，包括提供热水、换尿布台、微波炉、孩子喂食高脚椅，还有哺乳室。另外，园区里不管是男厕还是女厕，都有设置换尿布的平台。

必游原因

马来西亚乐高乐园比其他的主题乐园更适合带小朋友去玩，因为它就是为2～12岁的小朋友特别打造寓教于乐的乐园，游乐设施大多比较温和，强调可以让小朋友依自己的想象力去创造专属的乐高世界；对于乐高迷来说，也可以在这里尽情享受。

顶着亚洲首座乐高乐园的名号，在 2012 年开幕之后，许多乐高迷都争相前往，这座主题公园是世界上第六座乐高乐园。

位于马来西亚柔佛州依斯干达开发区的乐园，除了有陆上乐园，亦有亚洲第一个乐高水上乐园，该乐园还是目前全球面积最大且全年开放的乐高水上乐园。

占地超过 30 万平方米的这座主题乐园，共由七个主题园区组成，包括起点站 The Beginnig、幻想乐园 Imagination、探险旅程 Land Of Adventure、乐高城市 Lego City、乐高王国 Lego Kingdoms、乐高科技城 Lego Technic 及迷你乐园 Miniland，共动用了超过 5 千万个积木打造出超过 2 万个模型展示品，另还有多达 40 项的游乐设施，同时乐园里有多家主题餐厅及商店，是座互动式休闲娱乐且适合全家共游的主题乐园。

建议游玩时间： 1 天

Tips

从新加坡到马来西亚并不远，所以双国双乐园的玩法是很多人会安排的方式，但是从新加坡到马来西亚是跨国家，必须通过海关出入境，等于是当天来回两个国家。这种跨国的行程记得护照一定要携带，要不然就得在边境跟大家说拜拜了！

新加坡摩天观景轮

新加坡的巨型摩天轮被称为"新加坡之眼",也是新加坡的地标建筑之一。楼高42层,轮体直径达150米,总高度可达165米,比英国的伦敦眼还高出了有30多米。

除了从摩天轮上可以饱览新加坡市中心之外,还能远眺约45公里外的景色,包括印度尼西亚的巴淡岛、民丹岛,以及马来西亚的柔佛州。

整个摩天轮的设计是由世界知名的日本建筑师黑川纪章博士与新加坡缔博建筑师事务所共同打造,共有28个观景舱,此外,每个观景舱都有紫外线防护设备,长7米、宽4米,室内面积达28平方米,可以容纳28名乘客,而摩天轮周转一圈大约需30分钟的时间。

另外,新加坡摩天观景轮下还有3层休闲购物中心及特别以60年代打造而成的新加坡路边摊主题餐厅街,让游客可以品尝到更多新加坡当地的美食小吃,是规划相当完整的复合休闲娱乐景点设施。

建议游玩时间: 2小时

- 地址　30 Raffles Avenue, #02-05, Singapore 039803
- 电话　+65-6333-3311
- 网址　www.singaporeflyer.com.sg
- 时间　08:30~10:30
- 价格　标准门票成人 33 新元，儿童（3~12 岁）21 新元
- 交通　地铁在宝门廊坊站（Promenade）下车，走 A 出口，沿 Temasek Ave 走，左转 Raffles Ave 直行可抵达
- 育婴室　没有特别设置育婴室，但厕所里有简易的更换尿布台。

新加坡超值行

景点介绍

心游原因

坐上这个目前世界上最高、最大的摩天轮，可以 360 度全方位的欣赏整个新加坡及海滨的美景，不论是在白天或是晚上搭乘，皆有不同的感受。

Tips

新加坡摩天观景轮可以让婴儿推车上去，也可以暂时寄放于验票的闸门口，但是食物及饮料未经允许不得带进观景舱内，除非是搭乘了特别的专属观景舱。建议大家在傍晚时间搭乘，可以在观景舱里欣赏落日余晖。

▲ 摩天观景轮上的城市夜景

圣淘沙名胜世界位于新加坡第四大岛的圣淘沙岛上，是占地500公顷的综合式度假胜地，全岛有70%为热带雨林且自然生态丰富，除了有大自然景点之外，还包括环球影城、全球最大水族馆及水上探险乐园和海豚园等多项主题乐园，当然还包括多家的度假饭店进驻，从2011年起就连续五年被TTG旅游大奖评为"最佳综合式度假村"，现在是许多观光客到新加坡必访的旅游景点之一。

从新加坡本岛要前往圣淘沙岛有巴士、缆车、轻轨电车、步行等多种方式，部分饭店提供了接驳巴士的服务，但大多数人都会采取搭乘轻轨电车的方式进到圣淘沙岛，之后在岛上再转搭免费的循环巴士。

共有三条路线的巴士可前往全岛各景点，包括：白色梦幻的西罗索海滩（Siloso Beach）享受阳光和沙滩；能登高望远的鱼尾狮塔（The Merlion），站上狮顶的观景平台能将新加坡的美景尽收眼底；及亚洲大陆最南端（Southernmost point of Continental Asia）的景点标志牌边拍照留念到此一游。

建议游玩时间： 依各景点的停留时间，可安排2小时至1天不等

Tips

环球影城也坐落在这座圣淘沙岛内。除了环球影城之外，圣淘沙岛上还有很多自然景观的设施及景点值得造访，建议可以安排1~2天的行程到这里走走，或入住于岛上的饭店1晚，都是个很不错的选择。

圣淘沙名胜世界

Chapter 11 新加坡超值行　景点介绍

必游原因

不管是热爱刺激的游乐设施还是大自然美景，又或者是想要放松享受阳光洗礼还有购物的乐趣，全都可以在圣淘沙名胜世界完成大家的梦想。小小的岛上聚集了各项人工娱乐设施，更创下众多先进科技纪录。整座小岛就像是个超大型游乐园，日夜精彩，惊喜不断，保证让人流连忘返。

- **地址** 8 Sentosa Gateway, Sentosa Island, Singapore 098269
- **电话** +65-6577-9754
- **网址** staging.sentosa.com.sg
- **时间** 09:00～22:00（依店家不同而异）
- **价格** 入岛费 1 新元，若搭乘 Sentosa Express 进入圣淘沙名胜世界则是收 4 新元（其中已包含了入岛费），另外在岛上的其他游乐设施门票则是另需付费。
- **交通** 宜丰城 3 楼搭乘 Sentosa Express 轻轨电车，即进入圣淘沙岛，亦可搭乘空中缆车或巴士、出租车，皆可进入圣淘沙岛
- **育婴室** 岛上的观光设施部分有提供哺乳室及换尿布的育婴室，建议大家可依要去的景点先做查询，若是在沙滩上，可能就只能跟附近的店家借热水或厕所使用了。

▲ 鱼尾狮塔（The Merlion） 　　▲ 进入圣淘沙名胜世界需搭乘轻轨电车 　　▲ 圣淘沙名胜世界

美食分享

老巴刹美食广场

巴刹（Pa Sat）在马来语里指的是市场的意思，而 Lau Pa Sat 就是旧市场，在新加坡现存的市场中，就有一个最大的美食熟食中心，建于 1894 年，迄今已有 120 余年的历史，且最大的特色就是用铸铁建筑打造出维多利亚古典风格特色，很难想象在这梦幻的建筑里，居然是当地的美食广场市集。

24 小时营业的老巴刹除了是国外游客必访的美食据点，也是当地人喜爱觅食的地点之一。其中最受大家喜爱的就莫过于沙嗲烤肉串了。虽然这是个起源于印尼的美食，在老巴刹却是极受欢迎的小吃，只要走进这里，就会有小贩来推销各种组合的沙嗲肉串，大家可以依人数来选择肉串数量，另外在美食广场中也有其他的美食店铺，可以让大家品尝到东南亚各国的美食小吃。

- **地址** 18 Raffles Quay, Lau Pa Sat Festival Market
- **电话** ＋65-6220-2138
- **时间** 沙嗲摊平日 19:00～03:00，周末及假日 15:00～03:00；其他摊位 08:00～22:00
- **交通** 搭地铁在莱佛士坊站（Raffles Place）F 出口，往右沿着罗白申路（Robinson Rd）直走，走到克罗士街口（Cross St）即抵达。

无招牌海鲜

- 地址　1 Harbourfront Walk#03-02 Vivo City, Singapore 098585
- 电话　+65-6376-9959
- 网址　nosignboardseafood.com
- 时间　11:00~22:30

来到新加坡，除了肉骨茶和海南鸡饭之外，辣椒螃蟹也是必吃的美食之一。比较知名出售螃蟹的店家有两间，一家叫珍宝，另一家就是无招牌海鲜（No SignBoard Restaurant）。

这家餐厅已经有40余年的历史了，算是非常老字号的海鲜餐厅，最早在小贩中心，摊贩因为没有招牌，却因为真材实料加上独门的配方，从每日只卖3只螃蟹，到现在在新加坡已经有四家分店了，仍保留了无招牌的名号。而位于芽笼Geylang的总店，是许多人必访的名店，不过因为它是位于芽龙区红灯街附近，比较复杂，如果以环境来说，建议到怡丰城Vivo City分店，刚好可以在前往环球影城或圣淘沙岛回程时顺路用餐。价格因为地点和装潢的不同，每家无招牌海鲜分店略有不同，至于螃蟹的话，都是以时价及重量来计价。

无招牌海鲜所采用的是斯里兰卡蟹，调味方式可做辣椒螃蟹、白胡椒螃蟹及黑胡椒螃蟹等多种口味，其中就以辣椒螃蟹口味较为出名，橘红色的酱汁里和着蛋液，味道中又融入了蟹膏，辣中带劲，蟹脚肉又相当饱满，吃起来很过瘾，而且整盘的酱汁再搭上店家招牌的炸小馒头，将小馒头拿来沾裹螃蟹的酱汁吃，真的让人爱不释手，最后都差点把整个盘子都舐干净才肯罢手。

亲子血拼胜地

滨海湾金沙购物商城

说到购物，那就不能错过这家新加坡规模最大的购物中心——滨海湾金沙购物商城（The Shoppes at Marina Bay Sands），它位于滨海湾金沙酒店旁边，除了可以搭乘地铁前往之外，也可以搭乘新加坡著名的水上出租车（新加坡河游船）从其他景点直接前往滨海湾金沙购物商城。

占地80万平方米的购物中心，里面有超过170家的国际精品名店，另外还有餐厅及赌场，其中必逛的就是全世界最大的路易威登（Louis Vuitton）精品店，仅次于巴黎香榭丽舍大道的旗舰店，重点是它漂浮在滨海湾的一个水上建筑内，整个外形就像是一艘准备航行的船舰，室内装潢设计也取自于航海的灵感，堪称奢华品牌中独一无二的传奇设计。

另外，在购物商场中有一条室内的运河，游客可以坐在舢板船上，有专人为你划船，颇有意大利威尼斯风味，加上整个购物商场里采用大量的透明玻璃帷幕设计，走在商场里一样能感受到阳光洒落的味道，很有异国风情的度假氛围。商场还有个卖点，就是整点的时候会由屋顶宣泄而下瀑布造景，这个称为"雨之窗"的造景水池同时也是许愿池，大家可以准备好硬币，丢进瀑布中，带来水生财的好运气。

- 地址　10 Bayfront Avenue, Singapore 018956
- 电话　+65-6688-8868
- 网址　www.marinabaysands.com
- 时间　周日至周四及公众假期 10:30~23:00
　　　　周五、周六及公众假期前夕 10:30~23:30
- 交通　海湾舫地铁站（Bayfront MRT station）（CE1、B、C、D、E 出口）

Tips

滨海湾金沙购物商城里的大部分店家都可以办理退税的服务，只需在同一家店铺内消费满 100 新元以上即可享受退税，退税的税率是 5.5% 左右，记得把退税单都填好，最后回程时，到机场大厅的退税服务区办理即可。

Charles & Keith 是新加坡设计师品牌，俗称小 CK。这个牌子在当地买是最便宜的，而且款式又多，皮件包款及女鞋等，有流行的也有休闲款式，应有尽有，在滨海湾金沙购物商城 B2 里就有一家专柜，建议大家可以物色一下有没有适合自己的礼物。

NTUC 平价合作社

不管是到哪里旅行，如果想要贴近当地人的生活圈，绝对不能错过当地的超市。新加坡的物价水准偏高，大部分物资都是仰赖进口，如果想要采买一些平价的零食饼干、伴手礼，可以到全联超市"NTUC 平价合作社"去扫货。

这家新加坡的连锁超市是半官方经营的平价店，在新加坡有超过 100 家店铺，特别介绍牛车水 Chinatown Point 唐城坊的这间，是因为它结合了 Chinatown Point 唐城坊这个 shopping mall，大家可以一次逛过瘾，而且加上离牛车水这个必访景点也不远，可以安排一个连续行程。当然其他地区也有这家平价合作社，大家可以查询一下离饭店最近的门市据点在哪，在回程的最后一天，将必买的伴手礼一次购足即可。

- 地址　133 , New Bridge Road , #B1-01, Chinatown Point , Singapore 059413
- 电话　+65-6702-0381
- 网址　www.fairprice.com.sg
- 时间　8:00 ~ 22:30
- 交通　牛车水 Chinatown（NE4）地铁站，出口 E 步行约 3 分钟。

Tips

NTUC 平价合作社只收现金不收信用卡，所以大家记得要把现金带足了，另外，在这里消费是不能退税的。

在 NTUC 平价合作社里可以买到一种独特的调味包"百胜厨辣椒螃蟹粉"，按照步骤就可以煮出一道超美味又地道的辣椒螃蟹名菜，非常适合买回来送亲朋好友呢！还有一个要推荐的就是日清新加坡限定口味的泡面，只有在新加坡才买得到"辣椒螃蟹"及马来西亚的"叻沙"口味，可以多带一些回来送朋友。

🌷 Winnie 的私房景点

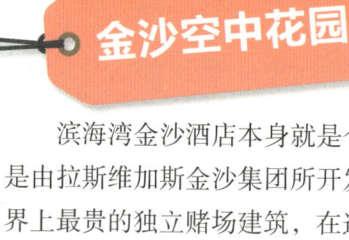

金沙空中花园

滨海湾金沙酒店本身就是个经典的世界建筑之一，是由拉斯维加斯金沙集团所开发，投资金额被誉为是世界上最贵的独立赌场建筑，在这个宛如"川"字形的三栋建筑是由加拿大著名建筑师萨夫迪（Moshe Safdie）所设计的空中花园。

这整座横跨滨海湾金沙大酒店的三座酒店大楼，空中花园占地 12,400 平方米，面积相当于 3 个足球场，而最大的卖点就是空中花园里的无边际游泳池，这个为酒店房客特别打造长达 150 米的游泳池，可以鸟瞰整个滨海湾的风貌，而且透过视线的角度，会让人仿佛是飘浮在高空中一样。可惜的是，这个游泳池仅对入住的房客开放使用，非住宿的房客一样可以抵达这空中花园及游泳池畔参观，但仅限于公共观景台及限定区域。

欲登上这座空中花园，需先于酒店 B1 楼的柜台买票，即可搭乘电梯直达 Skypark 楼层，站在这个 57 楼高的金沙空中花园公共观景台上，仿佛整个世界就在脚下一样，忍不住要在这个新加坡最佳视野位置上尽情拍照留念！不管是艳阳下滨海湾旁的高耸大楼群风貌，还是入夜后的鱼尾狮公园激光灯光秀表演，都让人毕生难忘这一切的美好画面及回忆。

- 地址　10 Bayfront Avenue, Singapore 018956
- 电话　+65-6688-8828
- 网址　hk.marinabaysands.com
- 时间　周一至周四 9:30～22:00
　　　　周五至周日 9:30～23:00
- 交通　海湾舫地铁站（Bayfront MRT station）（CE1、B、C、D、E 出口）
- 价格　成人票 23 新元；儿童票（2～12 岁）17 新元；幼儿（未满 2 岁）免费

亲子记忆保鲜盒

与鱼尾狮的邂逅合影

▲ 激光灯光秀

说到新加坡，最让人印象深刻的代表物就是鱼尾狮（Merlion）。新加坡旅游局用鱼尾狮作为标志，现在也成为新加坡的象征。

很多人到新加坡必定会前往鱼尾狮公园与其拍照留念。

站在高达 8.6 米、重达 70 吨的鱼尾狮雕像旁，人都变得迷你了，在这里，大家都不顾形象地跟鱼尾狮一同摆出喷泉姿势，或是利用角度差拍出一张张有趣的照片。来到这里必做的一件事就是与鱼尾狮拍出最值得记忆及回味的照片！

NOTE